Rupert Riedl

Clarissa und das blaue Kamel

Rupert Riedl

Clarissa und das blaue Kamel

Zeitreisen am Rande Europas

Seifert Verlag

1. Auflage

Umschlaggestaltung: Rudi Aigelsreiter
Art: Padhi Frieberger
Druck: Druckerei Jentzsch, 1210 Wien
Printed in Austria

ISBN 3 902406-05-4

Inhalt

Vorwort 6

Vorspann 7

Die Einführung von damals 15

Die ersten Insulaner 17
- Komplexität und Hermeneutik 26

Das ist überall so an der Küste 30
- Historizität 41

Reise in der Sonne 44
- Rationalismus 55

Reise in der Nacht 59
- Bewusstsein und Metaphysik 75

Für uns ist das Meer das Leben 78
- Konstruktivismus, Stirner, Berkeley 91

Das Meer, so groß es ist, und ein wenig Sand 95
- Vernunft und Verstand 102

Steinige Wege 106
- Impressionismus und Expressionismus, Logik und Unbewusstes 112

Wege, die die Welt bedeuten 116
- Über Ränge, Spiele und Gesellschaft 127

Das Licht überm Land 130
- Empirismus und Intuitionismus 136

Eine Unze Öl 140
- Gehirn und die Funktion des Traums 144

Übrigens ein Tag wie der andere 147
- Existenzialismus, Monod und Teilhard 153

Hoffnungslose Dilettanten 156
- Entropie und Wertschöpfung 163

Nachspann 167

Vorwort

Im Ganzen soll dieses Bändchen in einen nachdenklichen Spaß lenken; aber auch zu einer Ermutigung für jene unserer Zeitgenossen, die befürchten mögen, dass sie in unserer von Fachwissen zerlegten Welt missleitet würden, wenn sie bloß offenen Auges durch diese Welt gehen.

Der Text enthält mit einem Dutzend Kapiteln meine naiven Wahrnehmungen unverändert, die ich vor gerade 50 Jahren als Student in Sizilien gemacht und bald darauf niedergeschrieben habe. – Den in den Kapiteln aufscheinenden Seltsamkeiten lasse ich, jeweils in kürzerer Form, jene einschlägigen, wissenschaftstheoretischen Erfahrungen als Ortsbestimmungen und Lösungen folgen, die sich mir als ein Produkt von 50 Jahren Forschung und Nachdenken anbieten. Ein Gutteil Wissenschafts- und Erkenntnistheorie von heute taucht da auf.

Der intellektuelle Inhalt kann in der Lebenserfahrung bestehen, dass sich schon dem Naiven, geht er wach durch eine ungewohnte Welt, bereits alle Erkenntnisfragen gegenüber Menschen und Dingen auftun können; so als ob wir dafür geradezu schon vorsprachlich aus unserer Menschheitsgeschichte vorbereitet wären. Ähnlich, wie wir staunen, dass die Denker noch vor Sokrates schon sämtliche Grundprobleme kannten, mit welchen sich alle Philosophie, sie ausbauend und hin und her wendend, in den folgenden zweieinhalb Jahrtausenden befasst hat.

Freilich soll man das Staunen aus unserer Jugend nicht verlernt haben und dem sich Wundern über das scheinbar Gewöhnliche des Alltags ebenso viel abgewinnen wie jeder Gelehrsamkeit. Meine Geschichten mögen manchem jene Jugendzeit zurückbringen.

Rupert Riedl
Wien, im Sommer 2003

Vorspann

Unlängst kam mir mein altes, an seinen Oberflächen vergilbtes, bindfadenverschnürtes Manuskript in die Hand, das ich nach meiner ersten Studenten-Expedition getippt hatte: „Noch ein Wort über Sizilien". Ein Fossil. Es muss 1950 geschrieben worden sein und enthält nicht meine wissenschaftlichen Aufzeichnungen, vielmehr eine Blütenlese von Wunderlichkeiten, die ich am südlichsten Tellerrand Europas mit allem naiven Staunen und etwas Nachdenklichkeit erlebt hatte. In einem eben auch schon vergangenen Sizilien.

Meinem bewunderten Freund *Herbert Tichy*, philosophischen Weltenwanderer, musste ich's gezeigt haben, denn ich fand mich bald darauf mit meinem Produkt wohlempfohlen bei seinem Verleger im Ullstein-Verlag. Nach angemessener Zeit wurde ich zu einem Gespräch eingeladen und einer der Redakteure, ich glaube Herr *Berner*, empfing mich väterlich, sprach mir von großem Talent, von Weitsicht, und dass ich es, für mich damals glaubhaft gemacht, als Schriftsteller noch zu etwas bringen werde. Dann ging ich wieder; sehr aufgebaut, aber mit meinem Manuskript.

Herbert ist verstorben, Herr *Berner* wahrscheinlich auch. Das Manuskript schlummerte in Schreibtischladen und manche seiner Fantastereien in meinem Hinterkopf.

Darüber habe ich gut ein halbes Jahrhundert bunten, wissenschaftlichen Lebens gelebt; und als ich in die alten Texte hineinblätterte, dämmerte mir eine merkwürdige Sache. Also begann ich zu lesen und verstand noch nicht, was das war. Aber derlei kannte ich von mancherlei meiner Entdeckungen. Auch *Carl Friedrich von Weizsäcker* und *Konrad Lorenz* bestätigten mir die Beobachtung; dass man nämlich das Gefühl haben kann, etwas erkannt zu haben, ohne noch zu wissen, was das ist; und dass man dann sehr aufpassen muss, nicht abgelenkt zu werden, bis der Inhalt auftaucht.

Was auftauchte, war mir sehr lieb; und ich muss etwas von meiner Biographie einflechten, wenn ich verständlich machen will, warum mich das berührte und wo das in unserer Geistesgeschichte hingehören kann.

Nach meinem steten Interesse herauszufinden, in welchem Rahmen meine Tätigkeit Sinn haben könnte, gelangte ich mit je ein bis zwei Jahrzehnten von der Praxis der Meereskunde zur Evolutions- und darauf zur Erkenntnistheorie. Dort fand es sich, die Kriterien des Verstandes, *Kants Aprioris*, aufzulösen. Nach *Kant* sind das Vorbedingungen jeder uns möglichen Erfahrung und daher eben aus der Erfahrung nicht begründbar. Sie erwiesen sich als uns „angeborene Hypothesen", der Welt angepasste Erwartungen. Mit den Kriterien der Vernunft sind wir noch nicht so weit. Aber auch da deutet sich an, dass etwas wie *Kants* „Kategorischer Imperativ", wonach man selbst so handeln möge, wie man sich unsere Gesellschaft am besten geordnet dächte, in uns vorbereitet ist.

Und nun hatte ich, vor dem alten Manuskript, den Eindruck, dass sich in dem bunten und kaum zusammenhängenden Bilderreigen, wie bescheiden, fabulös und wie auch immer für den Zeitgeschmack überholt, alle Probleme unseres Denkens auch in unserer Zeit bereits andeuten. Sind, so meine Frage, sind wir nicht auf diese auch schon vorbereitet? Und zwar aus dem Lebensgefühl der Generationen mindestens einer Jahrmillion fast sprachloser Geschichte unserer fast schon menschlichen Vorfahren?

Im Grunde ist das ein Rätsel der Philosophie geblieben; wieso nämlich die ersten Philosophen schon alle Probleme aller späteren Philosophie kannten? Natürlich wusste ich damals noch kaum etwas von den Philosophen vor *Sokrates*. Erst am Ende der folgenden Geschichte komme ich darauf zurück.

So kam ich auf den Gedanken, die Lösungen, die unsere Geistesgeschichte heute im Einzelnen anbietet, in kurzer Form jeweils dem entsprechenden Kapitel anzufügen, in welchem sich das Problem andeutet.

Was da herauskommt, war für mich ein Spaß des Gegenüberstellens der Perspektiven des Jungen und des Alten; für den Leser wohl ein Wechselbad, eine „tour de force" über ein halbes Jahrhundert vergangener und neuer Welt. Und es bleibt die Frage, ob man die alte Sprechweise des Jungen gegenüber der neuen Formulierung des Alten verträgt.

Einen wohlmeinenden Freund und wohlmeinende Freundinnen habe ich gebeten, sich das Produkt anzusehen. Die gewiss freundschaftlichen Urteile waren verschieden. Die alten Texte, so meinten die einen, seien um literarische Kompetenz bemüht, was komisch sei. Andere: Von mir erwarte ein Leser nur die neuen Teile, nämlich fortgesetzt Weisheiten zu träufeln, die daher auch komisch, aber zu kurz seien, während die alten Texte erst nach dem Einlesen akzeptierbar würden.

Um mich in gute Gesellschaft zu bringen darf ich *Oscar Wilde* zitieren: „Wenn sich Kritiker uneins sind, dann ist das ein Zeichen dafür, dass der Autor mit sich einig war." Aber so einfach ist das, nach der Rezeption meiner bisherigen Bücher, auch nicht. Und so beginne ich den Rückblick mit einer Erfahrung, die eine der Voraussetzungen sein kann mir zu folgen, eine, die mich nämlich den Wandel von Perspektiven lehrte.

Etwas wie eine Einführung heute

„Drei-drei-drei, Issos Keilerei"; ein Datum, das mir Schuljungen, wie ich glaube, deshalb in Erinnerung geblieben ist, weil damals *Alexander* auch den Harem des *Darius* plünderte, was ich mir als besonders bilderreich vorgestellt haben muss. Als in der Familie wieder einmal von Mosaiken die Rede war, diesmal von römischen, schnappte ich auf, dass sich jene „Alexanderschlacht" im Museo Nazionale in Neapel befindet.

Dann wurde Österreich besetzt, es kamen Krieg, Wehrdienst, Bomben, Zusammenbruch, Wiederaufbau, Studium, die Pionierzeit der Forschung unter Wasser – die Alexanderschlacht schlief ungestört in einem der finsteren Teile meines Gehirns.

Aber 1948, als ich mit meinen Kumpanen in Mare Chiaro, am Nordausgang des Golfes von Neapel, in Expeditionszelten hauste, um mit unseren Tauchgeräten eine neue Meeresforschung zu beginnen, da tauchte aus meinem Unteritalien-Baedeker das Museo Nazionale wieder auf und – meine Alexanderschlacht.

Heute, 2003, versuche ich die Geschichte aufzufrischen, die, ohne dass ich das damals abschätzen konnte, einen Eindruck hinterlassen hat, der mein weiteres – was jetzt? – vielleicht sogar das Sehen und Denken meines Lebens als Wissenschaftler beeinflusst hat. Ich ging in meine Bibliothek, Regal Baedeker, und fand meinen Unteritalien-Band aus Vaters Zeit, Ausgabe 1906, den abgetrennten Rücken eingelegt, besonders zerlesen, noch mit vielen vergilbten Lesezeichen versehen und offensichtlich wiederholt nass geworden.

Und da war das Museo Nazionale wieder, die Via Roma, nach der Piazza Cavour der Eingang; und der Baedeker gibt in seiner so liebenswert altertümlichen Weise an, dass links an der Garderobe die Schirme und Stöcke abzugeben seien „(kein Trkg.)“. Also „kein Trinkgeld erforderlich“. Ich war damals 23, angetan mit Jacke, Hose und Stiefeln aus amerikanischen Überschuss-Gütern, mit der Pfeife eines Weltenbummlers, hatte keinen Schirm abzugeben, vielmehr mich, auf dem ganzen Weg quer durch Neapel zu Fuß, gegen Droschken-Kutscher zu wehren, die, mit wiederholtem „Hello Joe“, an mir Ami etwas verdienen wollten.

Nun sehe ich mich so kulturbeflissen wie desorientiert im „Portico degli Imperatori“ landend, vorbei an Ungetümen von Marmorskulpturen, die man alle kennen sollte, aber gar nicht kennen mochte. Es war einer jener unglücklich gewählten Tage für einen Museumsbesuch, an dem offenbar alle Schulklassen Italiens dort hineingetrieben wurden. Der Geräuschpegel war enorm, die Bewegungsfreiheit sehr eingeengt. Im Strudel des Getriebes fand ich mich, mehr zufällig – wie ich jetzt nachschlage –, im Saal IV, mit der Nase an einem Mosaik; eigentlich an Mosaiksteinchen.

Was ich nun folgen lassen kann, ist eine Mischung aus Erinnerung und Interpretation. Vom Mosaik zurückzutreten war unmöglich. Zu elementar war das Geschiebe hinter meinem Rücken. Und so befasste ich mich eine Zeit lang mit der Machart der würfeligen Steinchen, von welchen ich wusste, dass solche aus Glas, Stein oder Keramik, mit oder ohne Glasur, gemacht sein konnten. Wie sie gemacht waren, habe ich vergessen; aber dass ich aus dem Gedränge heraus wollte, weiß ich noch.

Ein Schritt im Gedränge zurück und die Steinchen waren verwischt. Was erschien, waren da Pferdeohren, dort hasserfüllte Augen.

Nun war's genug: Hinaus! Im langen Saal hinausgeschoben, auf Balance achtend, fiel mir ein, dass ich gekommen war, um die Alexanderschlacht zu sehen. Sie sollte, das wusste ich noch, die wenig veränderte römische Kopie eines zeitgenössisch griechischen Gemäldes sein, das im Haus des Fauns in Pompeji ausgegraben wurde. Gewaltsam bremse ich im Strom, drehe mich um und über die Kinderköpfe hinweg sehe ich keine Steinchen, auch keine grimmigen Augen; was ich auf diesem über sechs Meter breiten Mosaik sehe, sind zwei Reiterheere, die aufeinander zubranden.

Dann war ich, nach allerlei Gedränge, ich glaube durch Sammlungen römischer Bronzen, wieder im dampfig quirligen Mittag von Neapel dieses Tages und sah zu, wie ich nach Mare Chiaro käme.

Das mag für viele eine triviale Geschichte sein. Auch für mich wäre es eine, wenn sich in mir nicht etwas festgesetzt hätte, was mein Leben und dieses Büchlein begleiten wird.

Merkwürdigerweise, und von da ab beginnt mich die Geschichte wieder zu interessieren, war sie eben auch für mich mindestens von Trivialitäten überlagert. Denn an den Zeltabend, der folgte, habe ich nicht die geringste Erinnerung. Er wird mit einem großen Aluminiumtopf voll heißer Pasta e Fagioli (Nudeln mit Bohnen) geendet haben und mit Geschichten von einem harpunierten Fisch, einer Badenixe, der die Seeigelstacheln aus der Ferse genadelt wurden, einer wieder trockengelegten Unterwasser-Kamera und vom Besuch jener schönen Bauerntochter von nebenan. Und sollte ich gefragt worden sein, wie's im Museum war, hätte ich wohl gesagt: „Was für eine Drängerei! Könnt ihr euch nicht vorstellen!"

Nach einem Winter in Mare Chiaro und einem Frühling in Capo di Sorrento am Südausgang des Golfes fuhr ich mit Wolfgang in unserem alten Miliär-Jeep nach und rund um Sizilien, um den rechten Platz für unser nächstes Zeltlager zu bestimmen. Dann folgten Monate in Südsizilien und zwei Jahre später eine Kreuz-und-Quer-Fahrt durch Sizilien mit Smoky, meiner späteren Frau. Die Alexanderschlacht ruhte wieder, wo sie war.

Nur nach dieser dritten Reise, schon an meiner Doktorarbeit in Wien, fand ich mich Abende lang an meiner alten Reise-Schreibmaschine und tippte wie zur Entspannung ein Dutzend Geschichten – „Noch ein Wort über Sizilien" – über jene Reisezeit. Was mich dazu bewog, weiß ich heute nicht mehr. Im Grunde wollte ich wohl das Nachdenkliche erlebter Skurrilitäten nachzeichnen.

Also holte ich mir jetzt die vergilbte Maschinenschrift wieder hervor und kann bestätigen: nachdenkliche Skurrilitäten. Vielleicht auch das Hinein- und wieder Herausgehen aus einer wunderlichen Welt. Aber noch eines zieht sich durch den Text; die Überraschung über den Niederschlag wandelnder Perspektive: die Alexanderschlacht.

Was mir offenbar mehr Eindruck machte, als ich dachte, war der Umstand, dass ein und dasselbe Ding aus verschiedener Entfernung fast unvergleichbare Bilder ergab.

Das mag auch noch trivial sein, aber nicht mehr ganz. Denn wenn ich mich hoch auf einer Klippe fand und zusah, wie schwere

See mit Gedonner an den Felsen zerbarst, fügte sich ein zweites Bild von unten ein: die Wolken von Luftwirbel, die gleichzeitig bis zwanzig Meter in die Tiefe gerissen werden, die Schwärme der Goldbrassen, die vom Pendeln des Seegangs hin und her fegen, und die Algenwälder, die er im gleichen Rhythmus auf- und niederbürstet. Und wenn dieses Bild auftauchte, folgte eines von den Moostierkrusten auf jenen gepeitschten Algenstämmen und so fort; bis zu jenen winzigen Würmchen und ihren Haftorganen, die wir eben noch unter dem Mikroskop hatten. War ja klar.

Wie Menschen die Welt sehen, wissen wir kaum. Wir sind darauf angelegt, unser Wahrnehmen auch anderen zuzudenken. Das ist schon in Ordnung, stimmt aber im Einzelnen sicher nicht. Mir entstanden jedenfalls Durchsichten oder Schichtenbilder, weil komplexe Dinge einfach so waren. Und was ich zunächst für die einmalige Wirkung des räumlichen Abstands hielt, erwies sich als eine Facette all der Distanzen, die wir zu allen Dingen haben: räumliche, zeitliche, kulturelle oder emotionelle. Auch das ist nichts Neues.

Worin die Geschichten zusammenfließen, das ist jenes Geplätscher, das aus allen Quellen der Subjektivität gespeist wird; ein Geplätscher, das wir gar nicht mehr hören, weil es von dem Geräuschpegel allen Geplappers wie aller verbalen Übergüsse mit Weisheit in den durchlebten Jahrzehnten längst zugedeckt worden ist. Aus der Seele eines Studiosus ist es vielleicht noch hörbar.

Was mich heute, fünfzig Jahre später, darüber nachdenken lässt, hat mit dem Nutzen der Subjektivität zu tun. Wenn wir alle die Dinge in identischer Weise sähen, hätten wir wohl alles uns Zugängliche schon entdeckt, könnten nichts in neuer Weise sehen, nichts mehr entdecken, es gäbe keine Kunst, keine Literatur, keine Entwicklung von Kultur.

Was ich in diesem Bändchen versammle, soll ein Wechselspiel sein. Jeweils Ausschnitte aus dem Bilderbogen der Seele eines jungen Scholaren in ungewohntem Milieu, die ich in ihrer ganzen

Naivität unverändert wiedergebe; auch mit den Reflexionen, die sich mir im Anschluss des Schreibens schon damals nahe legten. – Um demgegenüber anzugeben, was ein ganzes Leben aus Forschen und Denken daraus aufzuklären hatte. Auch das ist noch nichts Besonderes.

Was aber dabei herauskommt, ist schon interessanter. Es zeigt sich nämlich, dass so gut wie alle Probleme der Erkenntnis in einer unverbogenen Seele schon vorliegen. Vielleicht sind sie unserer Kreatur überhaupt vorgegeben und mit dem Hellwerden des menschlichen Bewusstseins deutlich geworden.

Es wird also ein Wechselbad sein, das ich zusammenstelle; frühe Reflexion über unsere skurrile Welt gegenüber spätem Nachblättern ihrer Probleme.

Nun die alten Originale:

Die Einführung von damals

Der Handwerker

Das erste Mal reiste ich 1949 hinunter, als Student, um an den Küsten Meerestiere zu studieren, und ich hatte mir wenigstens vorgenommen, die Sehenswürdigkeiten von Syrakus nicht auszulassen und die Tempel von Agrigent. Aber ich war ausgerüstet mit einem gedachten Modell „Sizilien“, über dessen leblose Leere ich mich in bewährter Weise durch gesicherte historische Daten und die lapidaren Sätze aufklärender Schriften hinwegzuheben vermochte. Und außerdem ist Sizilien eines jener Länder, welches einem mit dem Glanz des Wortes und einer Fülle bedeutender Reste, also mit der Bosheit des Unbelebten, das Verständnis seiner wahren Existenz sehr erschwert.

Das zweite Mal fuhr ich noch im gleichen Jahre, aber eher wie zu einer exotischen Freundin, und noch auf der Reise lächelte ich wissend in mich hinein. Damals blieb ich bis tief in den Winter. Man sage mir, wie das auch anders zu machen wäre.

Das dritte Mal war es eine Pilgerfahrt; erst 1951 kam ich wieder heim.

Der Stoff

Unten schmolz jedenfalls das sperrige Modell in der Hitze, und bald waren Menschen gekommen, die seinen Platz mit dampfendem Leben füllten, Bettler, Herren und Huren, und ihre heimlichen Geschichten legten sich so daran, dass das Ganze selbstständig wurde, wie mit eigenen Gesetzen und Ursachen. Damals lebte Sizilien nicht weniger als ich selber, und gab es Augenblicke, um das Gesicht in die Hände zu legen und sich zu sagen: „Um Gottes willen!“ oder auch: „Bleib mir, du glückliche Welt!“

Ob das Erlebte die Wahrheit spiegelt, weiß ich nicht. Mir

waren die Ereignisse nichts als unmittelbares Geschehen und als solches die absolute Wirklichkeit. Versponnen nur mit jenem roten Faden der Handlung, der Theorie, die sich jeder für den Zusammenhang seiner Dinge reimt.

Sizilien wurde mir die Lebendigkeit seiner Menschen, ihre freigespülten Wurzeln und turmhohen Hoffnungen; *ihre* kraftvolle Ansprache ist mir Siziliens ganze fantastische Wirklichkeit.

Das Werkzeug

„Sizilien ist die größte und historisch anziehendste Insel des Mittelmeeres.“ Das ist eine bewährte, allgültige Sprache, aber es ist ungewiss, ob es wahr ist, und wirklich ist es nicht. Denn Zypern ist für seine einsamen Bettler viel größer und Sardinien für den alten Grübler in Cagliari das einzig Bedeutende.

„Man sollte den Kerl erschlagen!“, sagte dann gewiss einer, als wir spätnachts durch die Dünen der Südküste heimstapften – der Maler und ich – und mit einem Streichholz versuchten den Brief zu entziffern, den uns Nuncia heimlich mitgegeben hatte, und es war mir klar, dass das so sein musste. Das ist der Wirklichkeit schon näher gekommen, aber wer versteht den Dialekt unseres engen Tales?

Wenn ich sagte, dass an der Nordküste die Dome einsame Patriarchen wurden, düster und geachtet, hingegen aber die Moscheen an der Südküste von den Stürmen zersägt und für immer flüssig, aber lebendig wie der Staub in den Gassen, so schafft das eine ganze Menge. Aber es ist nur so lange wahr, als das kleine Teilchen, das du prüfst, die bombastische Brücke gerade noch zu tragen vermag.

Für ein einziges Stäubchen im All, ein blasses Mädchen in Trapani, ist das Meer der Teufel, weil ihr Vater verrückt wurde, als er unlängst draußen sein Schiff verlor. Das ist die ganze Wahrheit; aber die schafft nicht viel, denn der geschürfte Span ist dünn und durchsichtig. Er wird nicht viel tragen.

Ich werde zusehen die Mitte zu halten.

Die ersten Insulaner

Bei meiner ersten Reise nach Sizilien war Räuberhauptmann Giuliano noch am Leben, und es waren – wie ich jetzt erkenne – alle Voraussetzungen gegeben, um das Land ziemlich unverfälscht kennen zu lernen, denn ich hatte wenig Nennenswertes über die Insel gelesen, eine ungenügende Reisekasse und nur ganz unnütze Empfehlungen.

Die unbelasteten Vorstellungen, die ich mir trotz der Lektüre von Goethes „Italienischer Reise" von der Insel machte, beleuchtet ganz gut die Tatsache, dass ich in meinem Gepäck einen Dolch mitführte. Abgesehen davon, dass mich das unförmige Gerät an die zwei Wochen vom Rucksack aus feindlich in die Schultern stach, stets im Wege war oder vergessen wurde, muss seiner doch in gewissen Fällen als wahrem Retter auf dieser Reise gebührend gedacht werden. Siziliens steinharten Parmigiano mit dem Klappmesser schneiden zu wollen ist nämlich ebenso aussichtslos wie lebensgefährlich.

Aber zu behaupten, dass ich das alles so gewollt hätte, wäre kleinlich und einfach nicht wahr.

Der Erste

Dem ersten Insulaner begegnete ich auf dem Schiff:

Der Hafen von Neapel lag ausgestorben da, und ich schlenderte durch düstere Betonhallen und trüb erleuchtete Molen an dösenden Finanzern, träumenden Barkassen und den haushohen Wänden finsterer Frachter vorbei einem schwachen Licht entgegen. Hier lungerten einige übernächtige Gestalten. Der Zeremonienmeister nahm meine Karten und warf sie weg, malte ein gelbes Kreuz auf meinen Rucksack und verwies mich Gezeichneten wortlos den Steg nach oben. Diese an sich sinnlose Handlung wurde mit entschlossener Strenge durchgeführt, was fabelhaft in die Unwirklichkeit ihrer Umgebung passte. Da ragte die Silhouette des Postschiffes anspruchsvoll und papieren und war wie auf einem Schnürboden mit armdicken Seilen an die feste Welt gebunden. Das Fallreep führte dagegen, schwächlich wie eine Hühnerleiter, aus dem winzigen Lichtkegel steil und schwankend hinauf in die Nacht zu den Sternen und Ladebäumen des stählernen Vagabunden. In seinem Inneren stieg ich wieder in ein Stück Wirklichkeit hinunter, in die Schlafhalle für Männer 3. Klasse, mit allen Eigenschaften des Lebens auf unserer Erde, nur nicht konsistent und zäh, sondern mit dem ephemeren Charakter unsteter Trabanten. Stockwerkbetten, schräge Wände, Sicherheitslampen und alles mit dicker weißer Ölfarbe und rieselnder Nässe überzogen. Dazwischen ärmliche Handelsware und Klumpen dunkler Männer in allen Stellungen, halb ausgezogene, mantelumhüllte, schlafend und disputierend.

Dem ersten Insulaner begegnete ich also im zugewiesenen Gestell – Pritsche obere Etage –, als er sich bemühte, seine engen Hosen über die kotigen Stiefel zu zerren. Auf halbem Wege gab er es erschöpft auf und lächelte nachsichtig. Er hatte das Gesicht eines Toreros, und er lächelte wie über den Applaus nach einer seiner mörderischen Paraden. Dann machte er sich erneut mit funkelnden Augen an seine Hose und zerrte sie mit letzter Kraft von den dünnen Beinen.

Er war Pferdehändler aus Messina, ungemein gesprächig, und blieb unnachgiebig bei zwei Themen: die Ordnung im europäischen Norden als ein im Süden unerringbarer Höhepunkt der Zivilisation und die Unfähigkeit des italienischen Militärs. Beide dienten nur der eigenen Bloßstellung und Selbstanklage, und er verwand sie routiniert und wollüstig. Aber nur wenige der eingestreuten Geschichten brachten etwas Licht mit sich:

So war er z. B. von den Engländern in Bengasi gefangen gehalten, und während die deutschen Gefangenen von einem bewaffneten Wachtposten zum Wasserholen einzeln eskortiert wurden, trieb derselbe die Italiener zu Hunderten. Alle hätten unter dieser Schmach gelitten, und nun sah er keine Möglichkeit mehr, die

Ehre seines Landes wiederherzustellen. Es war zum Verzweifeln, und Seekrankheit, die in ihm aufstieg, ließ sein nussbraunes Adlergesicht gelber und seine Zukunft grauer werden. Entschuldigungen, die ich hervorbrachte, lehnte er ab. Sie wurden als zu leicht befunden und wirkten nur störend. Ab 3 Uhr erbrach er in Tüten aus Zeitungspapier, die er vorbereitete, und es gelang mir bei keinem – auch nicht bei den düster werdenden Zuhörern –, Sinn für das Humoristische an diesen Geschichten wachzurufen. Sie wirkten nur einseitig nachhaltig; und ich dachte mit wenig Freude an das kommende Sizilien.

Die Nächsten

Natürlich kam ich zu spät aufs Deck, um Sizilien aus dem Meer steigen zu sehen. Ich hatte nur dagelegen, war froh gewesen, dass mein Nachbar nicht mehr in seine Zeitungstüten erbrach, sondern eingeschlafen war, und dachte mir, dass wir wohl bald da sein müssten. Oben war man längst mit dem Vertäuen des Schiffes beschäftigt, und Messina bot sich in der faden Unordnung eines Hafens dar, sodass ich das Getümmel der nach der Nacht wieder vereinigten Familien viel interessanter fand.

Der zweite Insulaner, mit dem ich zu tun hatte, stand mit seiner schwarzen Kutsche unten an der Mole. Von der zweiten Klasse hatte er niemanden erwischt, und das Zwischendeck ließ er vorbeitrotten mit Säcken und Koffern. Da gab's nichts zu holen. Aber als er mich sah, rief er über den Menschenstrom hinweg:

„Hello, Joh, Carrozza!" Auf meine Neapolitaner Erfahrungen gestützt bedeutet das übertragen etwa „Einsteigen, Dollarsack!" Ich marschierte vorbei. Darauf setzte er sich in Bewegung und klapperte mit seinem Rösslein neben mir drein.

„Dreihundert zum Zentrum." Eine Schwindel erregende Summe.

„Der Weg ist keine hundert wert."

„Aber mein Herr, das teure Futter", usf. sowie Ausführungen über Steuern, Lebenshaltungskosten und den Umfang seiner

Familie. Ich marschierte. Dann fluchte er leise und sagte: „Was sind schon zweihundert für einen Amerikaner."

„Bin kein Amerikaner." Etwas nachhaltigere Wirkung, wird aber endlich nicht geglaubt.

„Allora! Einsteigen, sagen wir hundert."

„Wir haben doch schon den halben Weg."

„Ha!" Längere Pause, die dürre Mähre klappert neben mir drein. Dann bleibt er stehen und sagt herunter: „Also die Hälfte", sehr unwillige Bewegung, „fünfzig". Nun sah ich neue Möglichkeiten.

„Fällt mir gar nicht ein", sage ich, „ich will nichts ausgeben."

„Also n'ordentliche Zigarette und basta." Das ja, er hält wieder, und ich klettere hinauf. Dann geht es weiter durch die weiten, öden Avenuen. Als ich irgendwo Via Roma lese – wo auch immer das Zentrum einer italienischen Stadt –, behauptete ich, angekommen zu sein. Ein Griff in die Tasche – keine Zigaretten. Herrgott. Der Kutscher hält und schaut misstrauisch. Da, im Hemd. „Sigarette Nazionali", an die ich mich längst gewöhnt hatte. Die billige Mischung für den kleinen Mann. Er traut seinen Augen nicht. Dann greift er höflich zu und bringt ein Paket „Africa" zum Vorschein, die nächstbessere Sorte der billigen, und wartet auf. Ein Tölpel, hier nicht zuzugreifen.

Wir hatten beide eine Menge gelernt, und nach einer längeren Plauderei über Fußball und andere grundlegende Werte verabschiedeten wir uns ungemein herzlich.

Messina kannte ich bereits von der Grottenbahn im Wiener Wurstelprater, wo es plötzlich aufleuchtet, schwankt und in Flammen aufgeht und so auf mich immer wieder einen großen Eindruck machte. Vielleicht war ich deshalb von der Wirklichkeit enttäuscht. Messina ist jedenfalls nur gegen Erdbeben gebaut und nicht für den Menschen, und all die Qualitäten, die Städte sonst zieren mögen, schienen sich hier gemeinsam in dieser trivialen Bemühung erschöpft zu haben. Gefühlt oder nicht, diese Mängel sind für den Augenblick erdrückt von einer Großzügigkeit der Planung, die der Stadt einen beklemmenden Ausdruck verleiht.

Jenen Ausdruck von steinerner Überheblichkeit und Leblosigkeit, den Menschen gewinnen, die sich unwiderruflich überschätzt haben. Tröstlich war daher meine dritte Begegnung.

Ein kleiner Herr, aus Stein gemeißelt und offenbar zum Gedenken an einen Unfall errichtet. Er saß in einem trockenen Rabatt, hingestreckt über sein ganz zerbrochenes Motorrad, und blickte verdrossen auf das angerichtete Unheil und seinen nahen Tod. Das Motorrad musste besonders im Gebiet der Speichen und der Lenkstange Mühe bereitet haben, in Stein nachgebildet zu werden. Ich stellte mich dazu und bewunderte das Format des Bildhauers, der all diesen technischen Schwierigkeiten furchtlos ins Auge geschaut haben musste.

Als ich so versunken stand und dachte, klopfte mir ein eleganter Herr auf die Schulter und sagte in gutem Englisch, dass die Obusstation verlegt worden sei.

Im Autobus, den ich bestieg, fesselte mich sogleich die Konstruktion der Halteschlaufen, die von der Decke hingen. Sie hatten das langweilige Stadium des Nützlichen längst überwunden und machten mich aufmerksam, indem sie sich im Augenblicke des Anhaltens mit klingendem Geräusch ein Stück verlängerten. Diese Verlängerung vermochte nun wieder einen Mechanismus zu bedienen, der ein Plakat im Inneren des Handgriffes umwendete. Nicht einmal, sechsmal. Man musste also sechsmal ziehen, bis das erste Bild wieder erschien. Verkehrt ging es nicht. Jedes Plakat war von einer anderen Firma. Man konnte sich also auf ein Sechstel Autobus-Handgriff einmieten.

Inzwischen war der Schaffner aus seiner Kammer gekrochen, die ich beim Einsteigen übersehen hatte, und wartete lächelnd, bis ich meine Untersuchungen beendet hatte.

„Français?“, fragte er freundlich und ich bejahte. „Eine zu zwanzig?“ Ich zögerte – dummerweise.

„Nein“, sagte ich, „ich möchte zur Endstation.“

„Dann sind Sie schlecht gefahren, steigen Sie aus, nehmen Sie die Gegenrichtung und verlangen Sie Villa Mazzini.“

„Nein, ich möchte nur aus der Stadt hinaus!"

„Ja, aber – nach Galati oder zum Faro?" Ich sah, dass er gar nicht wusste, was ich wollte.

„In Richtung Palermo!"

„Da steigen Sie aber rasch aus, dort kommen Sie mit der Bahn hin." Ich war entschlossen, ihm diese Dinge zu erklären:

„Hören Sie", sagte ich fest, „ich möchte nur aus der Stadt hinaus, an den Stadtrand vorerst, nicht wahr! Irgendwohin, von wo ich weiterkomme!"

„Aber da kommen Sie ja eben nicht weiter! Bei Gonzaga, wo wir die Schleife machen, endet alles!", und er sah Hilfe suchend in die Runde der versammelten Zuhörer, die bereits mitredeten.

„Gonzaga!", verfocht ich also laut, „nach Gonzaga möchte ich!" Und dachte aber, dass die Technik in Sizilien eine verflixte Sache sei.

„Aber Sie sagten doch eben …", rief alles durcheinander. Aber es war nichts mehr zu retten, die Stazione war da, ich zahlte hastig 20, entsprang dem geräuschvollen Gefährt und hatte damals noch keine Ahnung, welch sizilianischer Gefahr ich entronnen war. Aber das Einzelne gibt das Ganze nicht.

Der Ursprung der Bergstraße, hinüber zur Nordküste, war unschwer zu finden, und bald war es die letzte Straße, die sich von Messina die Hänge hinaufwand. Die Kimm stieg mit mir in die Höhe, das Meer dehnte sich in schier unfassliche Weite und drängte Kalabrien, das Festland, weit hinauf nach Norden. Ein seltsames Symbol, wollte mir scheinen. Und den Vordergrund bildeten die schmalen Steinbuden, die lungernden Männer und die schwindsüchtigen Bananenstauden. Zwei Jungen übten sich mit Steinwürfen auf eine Konservenbüchse. Sie trafen sie fast immer. Hier war ich unter Menschen, die nicht mehr staunten, dass einer zu Fuß rüber nach S. Martino wollte, die das Abzeichen der Allerärmsten zu lesen wussten, die den Rucksack kannten, den ich trug.

Einmal geriet ich an drei Mädchen, die bei meiner Frage nach dem Weg kichernd davonstoben. Sie hinterließen einen Eindruck von Hühnern.

Und ein andermal fragte ich eine alte Frau nach dem Weg. Sooft ich aber meine Frage neu formulierte, bat sie mich, etwas lauter zu sprechen, und war von einem unbeirrbaren, höflichen Interesse erfüllt. Ich stand also hoch über Messina, eben hereingeschneit, und brüllte meine trivialen Wünsche immer stenographischer an tauben Ohren vorbei ins Leere. Einmal, als Rekrut, musste ich strafweise einen Alleebaum erklettern und zehnmal eine Armeevorschrift schreien, und ich wurde das Zentrum einer großen, vergnügten Menschenmenge. Hier, oberhalb Messinas, kümmerte sich niemand um mich.

Die letzten Häuser waren längst zurückgesunken, als mir das erste Gefährt nachkam. Das Symbol sizilianischer Touristenplakate, jener hemmungslos bemalte, hochrädrige Karren. Von einem Muli gezogen und mit Kukuruzstroh übermäßig beladen. Der Bauer ging daneben her. Nachdem er einladend gegrüßt hatte, schwang er meinen Rucksack hoch hinauf auf die Fuhre und bedeutete mir, mich auf die Deichsel zu setzen. Ich schritt aber neben ihm mit. An den Wänden des Wagens waren Schlachtenbilder gemalt, deren vielfältiges Getümmel nur jenes der Brueghel erreicht. Dargebracht aber mit jenem Minimum an Einsicht in die Gesetze von Anatomie und Perspektive, das wir dann als kräftig bezeichnen oder erdnahe, weil das Triebhafte vorherrscht, ungetrübt durch die Funktion des Verstehens. Der Künstler hatte an jeder Ecke des Gefährtes signiert, jedoch abwechselnd als „Pittore“ und „Decoratore“, wohl ungewiss seiner selbst. Auch waren die Themen unmissverständlich wie in Bilderbüchern beschriftet. „Ruggiero Normanno a Palermo“, König *Roger I.*, bedeckte mit seinen Mannen die linke hintere Schütte, und dem Künstler schien es vor allem auf die Wiedergabe des Grimmes der Eroberer angekommen zu sein.

Aber das einzelne primitive Gesicht vermochte das nicht herzugeben, das muss auch ihm klar gewesen sein. Er malte hundert Krieger, wildgesichtig bis in die letzte Reihe. Und er hatte Erfolg. Dieselbe Praxis, die wir mit schlechten Wahlplakaten üben. Wir kleben sie hundertfach an die Wand und erstreben mit technischen Mitteln gewaltige Effekte. Aber die Möglichkeit des Kontrastes war nicht verwendet, und jede Figur wollte groß sein und reich an Details. Eher ein orientalischer Teppich als ein europäisches Bild. Eine reiche Sprache, die aus den Schütten des Karrens rief.

Aber nun verlangte die Höflichkeit ein Gespräch, nachdem wir oft und mit Verständnis gelächelt hatten, und ich meinte, dass er schöne Bilder hätte, da auf seinem Karren. Wir erlebten eine arge Enttäuschung, denn seinen Dialekt vermochte ich mit meinem Italienisch nicht zu durchdringen, und es stand plötzlich eine dünne Wand zwischen uns beiden. Aber wir fühlten genau, dass diese Wand künstlich war, unecht, und dass sie mit uns nichts zu tun hätte. Wir lächelten dann wieder, aber etwas anders, entschuldigend, weil wir gemerkt hatten, dass uns Mutter Natur in getrennte Käfige ihrer Raritätenschau gesetzt hatte. Es war längst Nacht geworden, als er von der steilen Straße in einen der Äcker ausbog und wir uns lange nachwinkten; was da jeder vom anderen mitgenommen haben mag?

Die Letzten

Als ich glaubte, die Höhe erreicht zu haben, stieg ich noch etwas hinaus in die Macchia, rollte meinen Schlafsack auf und streckte mich aus. Über den Bergen schienen Wolken zu brauen, denn nur da und dort flimmerten die Sterne, und es berührte mich plötzlich merkwürdig, zu wissen, dass sie alle übers Meer kommen mussten. Dann rief etwas, drüben in den Distelhecken, ein Kauz vielleicht, und die Nacht wurde sehr weit und die Menschen spärlich. Aber dann gewahrte ich tief unten Sterne. Viel zu tief für unsere fernen Nachbarn. Es waren Boote, unten in der Straße von Messina, Menschen, und das unsichere Glimmen des weiten, gekräuselten Meeres.

Ich erwachte unter flüsternden Stimmen, und als ich durch

te, gewahrte ich drei Bauersleute, die berat- herumstanden. Gewiss kein gutes Zeichen, ne mich zu rühren herauszufinden, ob ich hatte. Aber nichts dergleichen. Also ent- wachen. Oh, die Freude war groß, die der Fragen. Die längste Zeit stünden sie as anfangen. Wie ich dahergekommen, gekommen, ob ich nicht gefroren und hätte. Nun sollte ich aber eiligst mit- n Sachen hatten sie längst in einem m meinen Rucksack, und ich hatte achzukommen.

nit zwei dunklen Räumen, in deren bereitstand. Der alte Bauer ver- und bezog Posten vor der Türe, meine taufeuchten Sachen aufge- und Kakteen und eine dampfen- d selbst gebackenes Weißbrot. M herum und redeten über das Sc s seien, und all diese Gemein- plät echte Schwere und Gewiss- heit. einer Dose oder mit etwas Kaffe g fehl, und die Adresse und die Br machte, gingen mir wenig später

Wie ch mit meinem Gepäck, als ein L einer Begegnung in der Wüste fr n, wer ich sei, und wie einen Bru ich nicht mitwolle. Es war ein h Weite und Farben. In steilen Kur beren Küste, und ich dachte mit Sizilien; und aus wie vielem sich d

Du siehst schon voraus, dass man *so* nicht fortsetzen kann, denn gewiss ist ein Mosaik mehr als die Summe seiner Steinchen; es besteht eher aus schwerelosen, abstrakten Dingen, den Ideen, und nur im Zurücktreten wird man vielleicht seine Komposition verstehen und etwas von der Konzeption des Ganzen.

Sicher vergrößert die Distanz den Horizont, aber noch mehr vergröbert sie alle Umrisse, gerade jene Einsicht in die Wirklichkeit, um die wir uns bemühen. Sie ist gar kein Heilmittel gegen Unsinn, und wir werden fantastische Fehler begehen.

Einige Male werden wir hin und her laufen müssen, dicht zu den Steinchen, die Impression am Detail zu prüfen, und weit zurück, um das Gewoge des Geschehens ein wenig zu überschauen. Gewiss, der einzelne Schritt wird fruchtlos sein und wir werden auch leicht andere Perspektiven mit neuer Einsicht verwechseln, aber treten wir ruhig einmal etwas weiter zurück.

Komplexität und Hermeneutik

Die Vermutung, hin und her laufen zu müssen zwischen den Steinchen und der Komposition, war schon richtig. Auch gibt das Einzelne das Ganze nicht. Gegen Ende meiner späteren Studienzeit überredeten mich zwei Ägyptologinnen, mir einmal Professor *Cermak* anzuhören; und wenn ich mir die beiden neben mir in einer Kinoreihe so näher ansah, musste es wohl wert sein *Cermak* zu hören.

Was ich aber da erfuhr, brachte meine Alexanderschlacht erst ins rechte Licht. Ich lernte Schriften zu entziffern. *Champollion*, der Entzifferer der Hieroglyphen, spielte eine Rolle und der Stein von Rosette. Übersetzt in unseren Alltag und im Falle eines zu enträtselnden Briefes hieß das, die Bedeutung eines Buchstabens aus Fällen vergleichbarer Worte aufzuschließen, die eines Wortes wie „Strauß“ als Blumengebinde oder Vogel aus dem Satz und die Ironie oder Ernsthaftigkeit eines Satzes aus dem Kontext; wiewohl sich der Kontext aus Sätzen, der Satz aus Worten und das Wort aus seinen entschlüsselten Buchstaben erklärt.

Auf dem Weg hinüber in den Seziersaal der Zoologen blieb mir das im Kopfe und es stellte sich heraus: In der Anatomie war's dasselbe. Ein Gewebestück enthüllte sich als Muskel, wenn man in dessen Teile ging, als Flugmuskel erst wenn man in der Anatomie hinauf vom Brustbein zum Oberarm und zum Flügel ging und wusste, dass die Taube damit einmal geflogen war.

Ich wusste damals, so glaube ich, noch nicht, dass man die Technik Hermeneutik oder „wechselseitige Erhellung“ nennt, ahnte aber, dass sie wohl gegenüber allen komplexen Dingen anzuwenden sei, und ich wusste nicht, dass meine Lehrer das nicht wussten. Und es war gut, dass sie nicht wussten, dass ich das wusste; sie hätten mir's wohl ausgetrieben. Denn, so ging und geht die naturwissenschaftliche Lehre: Man könne nicht A aus B erklären, wenn B aus A zu erklären ist.

Was dahinter steckt, begriff ich freilich erst viel später; die Anorganiker gingen der Komplexität aus dem Weg und die Biologen überließen sich unaufgeklärten Intuitionen. *Goethe* mit seiner Morphologie, der Analyse des „Typus“, wurde mein frühester Gewährsmann und der Altphilologe *Boeckh* aus derselben Zeit. Die modernen aber wollten mit Erkenntnislehre nichts zu tun haben. Sie pauschalierten sie mit Philosophie und nahmen diese als Gerede und als Gegensatz zur Wissenschaft.

Begleitet und beeinflusst hat das mein ganzes Leben als Wissenschaftler. Bei meinem ersten Ordinariat in den USA spielte das noch wenig Rolle; und als ich nach Wien zurückberufen wurde, war's zu spät. Viele meiner späteren Schriften verbanden dann Erkenntnislehre und Biologie. Ausgetauscht aber konnte ich nicht mehr werden. Eine Zusammenfassung, „Strukturen der Komplexität“, veröffentlichte ich aber erst in meinem Senium.

*

Man kann sich fragen, was mit solcher Erläuterung anzufangen sei. Wir sind es ohnedies gewohnt, in einer komplexen Welt zu leben, sind selbst komplex und leben von Komplexität; sogar von ihrem Abbau.

In unserem Alltag sind wir gut auf sie eingestellt. Dass unsere Spezies überlebte, setzt das eigentlich schon voraus. Ein feines Sensorium für Wechselzusammenhänge ist uns ausgebildet, ohne dass uns dies bewusst sein muss. Wir haben sogar Grund zur Annahme, dass sich die komplexen schöpferischen Leistungen alle in unserer rechten, stummen Hirnhälfte entwickeln. In unserem von Sprache und Logik gelenkten Denken ist das anders. Da scheint uns, irrigerweise, die einfachste, lineare Lösung als die verlässlichste. Auf all das komme ich noch zurück.

Hier ist es mir wichtig, eine gewisse Vorstellung von der Differenzierung unserer angeborenen Ausstattung zu geben.

Wir wissen von diesen nicht bewussten Leistungen schon sehr viel, ohne dass das in unser Alltagsverständnis eingedrungen wäre. Ich will darum ein Beispiel von diesen Anlagen vorwegnehmen, das wir später noch benutzen können: die Gestaltwahrnehmung.

Unsere Sehzellen in der Netzhaut unseres Auges sehen in Wahrheit gar nichts. Was sie punktförmig über Helligkeit oder Farbe dem Gehirn melden könnten, erreicht das Gehirn so einfach nicht. Was weitergeleitet wird, ist die Nachricht über Helligkeits- und Farbgrenzen. Schon die Netzhaut verrechnet also Vergleiche quer zur Grenze und folgt dieser der Länge nach. Erst diese Synthese wird gemeldet; und das Programm ist durch seinen Erfolg eingebaut worden, weil Helligkeits- und Farbgrenzen zumeist Objektgrenzen entsprechen und wir diese kennen müssen, um uns ungefährdet zu bewegen. Zudem wird die Verschiebung solcher Grenzen gemeldet; ein Bewegungsmelder über Bewegung der Dinge und die Eigenbewegung. Wir dürfen ja bei einem Blick nach links nicht glauben, dass die Welt nach rechts zusammenstürzt.

Dann werden aus Linien geschlossene Figuren gemacht; sehr erfolgreich, weil die meisten Objekte geschlossene Konturen haben. Diese Figuren werden vom Hintergrund abgehoben, indem das Kleinere in der Bildfläche gegen das Größere als das Bewegte gedeutet wird; höchst natürlich ist es der Vogelschwarm, der vor der Landschaft zieht. Und schließlich wird noch alles Perspektivische gedeutet; der Löwe in der Ferne darf nicht für eine Ameise gehalten werden.

Und ob all das noch nicht genug wäre, zur Deutung eines seltsamen Objekts wird sogleich alles automatisch aus dem Gedächtnis geholt, was damit verglichen werden könnte. Tatsächlich operiert das Unbewusste bereits mit „Feldern von Ähnlichkeiten".

Und tatsächlich „weiß" unsere Ausstattung schon fast alles, was in der Welt konstant und zum Überleben nötig ist. Ihr können wir weitgehend vertrauen. Unsere Wissenschaften sind zarte Überbauten, ihre Moden hinfällige Gebilde.

Das ist überall so an der Küste

Sizilien ist ungefähr dreieckig, diese Form hat es etwa 100.000 Jahre, und jede der drei langen Küsten ist einem anderen Erdteil zugewandt: Europa, Asien und Afrika. Früher war es mit Kalabrien verbunden, vielleicht sogar mit Algerien, irgendwas Seltsames, jedenfalls kein Sizilien. Und es ist wohl gut, dass es wenigstens einmal so geworden ist.

Die einen sagen, die europäische Küste wäre die längere, die anderen die afrikanische. In Wirklichkeit ist das vielleicht nicht so wichtig. Als ich in Licata – das ist an der Südküste, an der afrikanischen – einem Fischer sagte, dass die Südküste wohl die längste Küste in Sizilien wäre, so meinte er, die Südküste wäre weit länger als die beiden anderen zusammen. Für ihn war Sizilien scheinbar kein Dreieck. Und in Milazzo – das ist an der Nordküste, der europäischen – schalt mich das Barmädchen, das mir die Orange presste, einen Fantasten, weil ich sagte, ich käme von der Südküste. Sie hatte eine ruhige, tiefe Stimme, an die ich mich gut erinnere. Für sie gab es gar keine Südküste. Für sie war Sizilien sicher etwas ganz anderes. Ich glaube eine Art Strom oder so etwas.

Der Süden

Im Süden liegt meist viel Sand vor den flachen Klippen, und die Kutter schaukeln dann weit draußen, als ob sie die Einsamkeit mieden, die sie selbst mitbrachten. Die Häfen sind betoniert, und nähme man die zementierten Molen weg, so bliebe nichts, an das man ein Schiff binden könnte. Weiß Gott, was die Griechen geritten hat, dass sie sich gerade dort niederließen. Die Südküste reicht von Trapani bis Capo Passero. In Trapani, an ihrem Westende, glänzen einem gleich die großen Salzteiche entgegen, wenn man mit der Bahn um den Eryx biegt, aber wenn man sich an ihrem Osten von Spaccaforno (geplatzter Ofen) aus auf den Weg macht und über die Dünen an die Küste marschiert, so leuchten einem nach acht Kilometern auch die ersten Salzsolen entgegen, die die Winterstürme in den letzten Niederungen zurücklassen, und die Bauern werden die Körbe mit dem schmutzigen Salz abstellen und dir von den sonnenwarmen Kaktusfrüchten aufwarten. Sie werden sie dir sicher abschälen und hinhalten, werden „buona" sagen und lächeln. Das ist überall so an der Südküste.

Alle paar Schritte – wenn man die Karte durch die Finger zieht – findet man ein Kap. Capo Feto, Capo San Marco, Capo Bianco und Capo Soprano. Wenn du sie zu Fuß aufsuchst, so wirst du keine finden. Du wirst ihnen den Schwindel verzeihen, oder wenn du wieder zu Hause bist, so wirst du dir sagen, „was eben an der Südküste ein Kap ist", eine weite Biegung im Sande. Im Westen, gerade unter den Säulenresten von Selinunt, liegt Porto Palo. Ich fand den Namen sehr treffend, aber auch im äußersten Osten, unter dem Leuchtturm von Capo Passero, dort wo jeden Mittwoch die „Blackpool" nach Malta vorbeikommt, liegt ein Porto Palo. Und du fragst dich dann, warum nicht alle Orte an der Südküste Porto Palo (bleicher Hafen) heißen. Es ist gewiss vermessen, sich Porto d'Ulisse, Donna Lucata oder Marina di Palma zu nennen.

In der Mitte der Küste gibt es einen Berg. Der „Berg des heiligen Engels" (*Monte Sant' Angelo*). Er drängt die Straße von der Küste, und wer am Wasser bleiben will, der muss mit einem Esel unter den Lösswänden durch das seichte Wasser reiten; gelb wie der Hoang-ho. An seinem Osthange liegt Licata.

Licata ist etwas größer und hat einige gepflasterte Straßen. Gleichwohl könnte es noch Porto Palo heißen – aber das habe ich schon gesagt. An solchen Orten findet man gelegentlich Stapel von Schwefelziegeln und kommunistische Plakate oder das „Rad aus drei Beinen" der sizilianischen Separatistenbewegung, kurz, man fühlt Organisation und revolutionären Geist. Aber von den nächsten Stapeln in Terranova oder den nächsten Plakaten in Sciacca trennen lange Feldwege, deren fingerbreite Schatten in den Furchen sieden, und hundert einsame Hütten, die alles aufsaugen und vertilgen, was seine Grenzen überschreiten wollte. Sie sind die Stärkeren. Licata und Terranova sind Dinge, die die kartographischen Anstalten vorurteilsvoll immer wieder mitschleppen, sie sind nur mathematische Orte, die gerade die Stecknadel tragen mögen mit einer roten Fahne, nie aber halten sie den Flächen stand, die sie umgeben. Diese Flächen, die Strecken, sind die eigentliche Südküste. Jene Orte in der Welt, die wir nur mit „zwischen …" oder mit „südlich von …" benennen. Dort ziehen Karrenfurchen durch den Sand, und wenn sie sich, dem Meere folgend, in weitem Bogen wieder ins Land wenden, so steht dann auf den Karten „Punta Regilione" oder „Isola delle Correnti" eingetragen, und du kannst nachlesen, dass du dich bewegt hast.

Mattenhütten stehen manchmal zwischen den Binsen und Weinfelder zwischen Kakteen oder kniehohen Steinmauern.

„Senjó!", rief mich dort einer in der Dämmerung an – „Senjó, wir haben auf Sie gewartet, meine Frauen haben Sie über die Punta kommen sehen, mögen Sie Bohnen?" Zwei Wände der Hütte waren mit Steinen geschlichtet. Gekocht wurde draußen, und die Männer schliefen auch dort. Er erzählte mir, dass der Wein von Gott nach Sizilien verpflanzt wurde, um die geknechteten Menschen zu erlösen, dass er dieses Jahr gewiss unbeschreiblich gut werde, und sie würden sich dann einen Esel mieten, um immer frischen Käse aus Pachino zu bringen und um Agata zu entlasten, die das erste Mal schwanger sei. Michele, der Jüngere, sei in die Stadt gezogen, aber er sei ein guter Arbeiter gewesen, ich müsse nicht glauben – .

Manchmal trifft man eine Gruppe Häuser, flache oder beziegelte Dächer, fensterlos und ohne ernstliche Straßen, sie haben vernagelte Tore und die Winkel voll getrockneter Algen, die die Stürme hereinwirbeln. Sie warten verbiestert auf die ewigen Emigranten, denen sie dienen, die Sommerfrischler aus Girgenti, Modica oder Ragusa, die hier alljährlich improvisierte, hektische Freuden einziehen lassen.

Zweimal trifft man auch bedeutende griechische Reste entlang der Südküste, und jedermann weiß, was er ihnen schuldig ist.

Die Schuld dessen, der vergessen hat, oder die Größe dessen, das kein Maß hat.

Aber die Araber sind noch lebendig. Nicht allein in den Namen – so verfestigen kann sich jeder –, nein, in den Händen der Fischer und den Rücken der Hütten, in den Augen der Kinder und der alten Weiber sind sie lebendig. Die Farbe der Südküste ist rot, etwas unbestimmt, nicht anspruchsvoll wie eine Fahne, dazu ist es zu heiß. Der Sand hat diese Farbe und die Felsen, die Hütten, die daraus geschlichtet sind, und die staubigen Agaven, die Luft über den schütteren Oliven der Hügel und über der Kimm. Sicher ist, dass Asad-ibn-Forat hier ein verwandtes Land entdeckte. Vielleicht sieht die Küste von Hadramaut so aus oder die von Hedschas. Musste die Südküste darum so werden?

Und da macht es gar nichts, dass in jedem Porto Palo ein christliches Bethaus steht und man sie angelernt hat, die Hände etwas anders zu falten. Das ist überall so an der Südküste und muss wohl so sein.

Der Norden

Die Nordküste ist ihr irgendwie gleich. Vielleicht weil auch sie ein ausgeglichenes Gesicht hat, gewiss aber ein ganz anderes; wohl weil sie nach Europa sieht, weil überall die Berge aufragen wie eine breite Stirne und weil sie darum immer tiefe, feuchte Schatten trägt. Die hohe Sonne steht ihr immer im Rücken.

Die Zeit treibt dich hier mit der Peitsche voran, denn die Ingenieure haben ihr eine Bahn entlanggebaut und eine Asphaltstraße. Du wirst hier nicht mit dem Esel durch das seichte Meer reiten und den Staub von der Karte pusten und nachrechnen, wann du wieder zu Wasser kommst, sondern der kleine schwarze Schaffner wird draußen „Cefalù“ brüllen oder „Bagheriiiiiia“ und wird dann die Türen wieder zuschmeißen. Du wirst dich schrecklich mühen, zwischen den Drähten und den Spalten des drüberen Zuges Cefalù zu sehen. Du wirst eine Ecke einer betonenen Verladerampe entdecken und beschädigte Opuntien, vielleicht

Jungen und die Spitzen einiger Berge; wenn du einen Nachbarn hast, der nicht gerade schläft, so wird er das Gesicht verziehen und dazu „La Madónie“ sagen, je nachdem, oder „Monte San Calógero“, wo ihr eben gerade seid. Gewiss ist die Nordküste nicht so, aber *so* ist sie auch.

Sie umfasst etwa zwei Dutzend Kaps, von denen ein jedes, von Capo Galera bis Capo Milazzo, mit Tausenden Tonnen Gestein ein anderes Gewicht hat als jene im Süden. Aber auch sie sind nicht die Festung selber, sie sind nur die Türme in der Mauer, die höher und weiter vorgewagt ins Meer ragen. Wie Büffel in der Form, denen die Gischt hochschlägt bis über die Stirne.

Sie tragen wilde Ölbäume und Ginster, Agaven, harte Rasen und Fette Henne, dass die Schritte knirschen. In den Nischen lehnen Feigen, die die Felsen mit schwarzen, überreifen Früchten bekleckern, und armdicker Efeu, als wolle er alles zusammenbinden. Im Westen sind die Kaps am echtesten. Capo San Vito ist wild und einsam, aber auch Capo Gallo und Capo Zaffarano halten noch mit. Leuchttürme sind wohl das Einzige, was sie dulden, Menschen haben sie ungern, und die Straßen kriechen ihnen erst weiter hinten über den Rücken. Ich glaube, sie gehören eher dem Meere, denn auch zwischen den Ginstern spürst du das Salz auf den Lippen, und wenn ihre dünnen Gerten mit den gelben Blüten peitschen und im Winde zirpen, so ist das Donnern der See stärker und das feine Zittern in den Felsen.

Das Meer hat auch die stärkeren Farben und die unmessbare Fülle der Substanz und der Kraft des Lebens, und oft sieht es so aus, als wäre das üppige, düstere Grün an den Hängen vom Meer gesät, Metamorphosen seiner Bewegung. Ideen der Wogen, die sich immer wieder im Ultramarin der Tiefe gebären, grüner und giftiger hervorquellen, sich zerreißen in weiße Adern, krachend, die Gestalt abwerfend als Reiter, Fahnen und als Nebel herüberziehen über ihre eigenen Gefilde. Hier findest du keine Hirten.

Nur am Capo San Vito, wo urweltlich das Land nachdrängt, unwegsam und Hunderte Meter getürmt, mit trockenen Steppen; nur am Capo San Vito traf ich einen Hirten und eine aus

Platten gelegte Hütte. Er hatte die Kapuze mit einer Schnur am Halse angebunden, wegen des Windes, und Sand in den Falten des Mantels.

„Die Schafe sterben am Meer", sagte er mir, „sie gehören den Bergen, und der Käse wird süß und faulig, denn die Schafe sind Tiere der Berge."

An der Nordküste sind die Kaps nur die Türme in der Mauer.

Das Land liegt weiter unten. Mit Mandeln und Orangen, mit Rüben, Hunden und Sorgen. Es breitet sich gesprenkelt und umzäunt, bewacht und gepachtet zwischen den Bergen und der Küste – ohne sich um beide zu kümmern. Einmal marschierte ich durch Patti und blieb nicht, weil es noch zu früh am Tag war, und über Capo Calavà wurde es dunkel. Aber ich sah noch, wie die Dünung schräg gegen das Land lief, wie die breiten, heranwandernden Rücken sich zu weißem Schaum zerbrachen, um so den ganzen Bogen der Küste entlangzujagen; erst an den Felsen, am Flügel des Kaps über Geröll, dann weit über Sand und Schotter bis in den gelben Lehm der trockenen Flussmündung hinein. Die kleinen Orte liegen meist dicht an der Straße, und an den Gabelungen steht nur eine trübe Trattoria oder einige Lagerschuppen, ein staubiger Bus-Anhänger oder ein paar landwirtschaftliche Maschinen. Ich wandte mich nach rechts, denn ich wollte am Meer schlafen. Dort hält der Wind die Mücken ab und die Stille die Neugierigen von deinem Frühstück. Aber die Straße verlor sich in den Feldern, die Wege zwischen Dornsträuchern und Gräben, und ich musste einsehen, dass das Land hier nicht zum Meere führt, es ist nur gezwungen, mit ihm dieselbe Grenze zu haben, und es ist wohl klug, sich um den rabiaten Nachbarn gar nicht zu kümmern. Das ist überall so an der Nordküste.

Cefalù, Termini und Castellamare liegen am Meer, weil die Berge zu steil sind und die Straße hier vorbeizieht. Aber in ihren närrisch steilen und ornamentiert gepflasterten Gassen liegen keine Fische, sondern Bohnenstreu und Kukuruzstängel, und Ziegen ziehen in ihnen bergauf.

Es war ein kalter Morgen des Jahres 1129, und niemand hatte noch rechte Hoffnung, denn seit Tagen waren sie von Neapel unterwegs, und weil die Wogen noch immer in das Schiff hineinschlugen und die Männer schon mehr beteten als ruderten, gelobte König *Roger* am Orte ihres Strandens einen Dom zu bauen. Das Meer sieht an der Nordküste so aus, als wollte es mit solchem Handel nichts zu tun haben, vielleicht war das schon immer so, jedenfalls warf die Dünung die Gesellschaft bei Cefalù an die Felsen.

Die Geschichte wäre ganz unwichtig ohne den Dom, der gebaut wurde. Cefalù besaß nicht mehr als einige ordentliche Felsen zum Stranden und besitzt nun einen der überwältigendsten Dome der Christenheit. Drei solche Symbole stehen an der Nordküste, die die normannischen Herren aus den Felsen schlagen ließen, Cefalù, Palermo und Monreale. Sie versammelten Städte um sich, Händler, Rosstäuscher, Huren und Gesindel und gehören nunmehr zu den Kulturzentren des Landes. Aber sie verfügen auch über eine anspruchsvolle Geschichte, über Stöße von Urkunden, Gründungsschriften und Erlässe, arabisch geschrieben und griechisch, auf Pergamenten und Papyrus. Gewiss ist ihre Geschichte nicht abenteuerlicher als die der Südküste, aber sie wird in europäischer Weise wichtig genommen, in vielen fehlerhaften Listen verzeichnet und aufwändig verwahrt. Betreut von je einem tauben, zittrigen Frater, der dich für einige fettige Lire dran riechen, dich mit der Fingerspitze versuchen lässt oder mit dem Nagel.

Die Dome sind wie aus einem Guss, und du fühlst, wer hier der Herr war, und dass Byzantiner und Araber für eigene und fremde Götter schufteten. Gewiss, neuerdings werden auch immer längere Molen gebaut, mit ein paar Schiffen Beton und etwas Kopfrechnen. Wichtiger ist, dass über die Moscheen der Conca d'Oro nicht der Sand hinwegkroch und ihre Existenz heimlich in die Seelen der Fischer wechselte, sondern dass Kreuze in ihre Kuppeln gemeißelt wurden und ihre Fliesen noch immer von den Knien der Gläubigen poliert werden. Die Aufregungen, die es damals gegeben hatte, stehen noch immer auf die Schütten der Karren gemalt.

Auf dem Krönungsmantel *Rogers II.* hat der Künstler einen Löwen abgebildet, der ein Kamel niederwirft. Einen Löwen kann er nie gesehen haben, aber das Kamel ist vortrefflich. Sicher haben seine Knechte, die die kufische Inschrift stickten, noch Kamele besessen. Er aber hat an den Löwen geglaubt. Dabei ist es geblieben und fertig; egal ob den Löwen die Franzosen lebendig hielten, die Spanier oder Garibaldi. Was also macht Geschichte?

Die Türme der Nordküste blicken nach Europa, ganz gleich, wo die Bauern ihre schmalen Wege enden lassen. Das ist überall so an der Nordküste.

Der Osten

Ganz anders ist die Ostküste. Sie ist uneinheitlich, vielgesichtig, ja zwielichtig in ihrem Charakter. Aber sie ist sehr sizilianisch. So sehr nämlich, dass die meisten Menschen, wenn sie zu Hause über Sizilien reden, eigentlich nur mehr Teile der Ostküste meinen. Sie hat alles, was du für die Erinnerung brauchst. Deshalb ist sie so sizilianisch. Sie verfügt über Messina, Taormina, den Ätna und Syrakus, und wem Sizilien nur zwei, drei Begriffe sind, der hat wenigstens einen davon fest mit hineingebacken. Die Küste hat kein rechtes Gegenüber, und mit einem Hinterland voller Sorgen und Schnaken, auf das sie eigentlich nie recht gebaut hat, muss sie dennoch in recht aufwändiger Länge vermitteln zwischen dem Norden und dem Süden der Insel. Das sind ihre geographischen Anlagen, und so belastet ist also die Ostküste.

Die Küste fährst du immer von Messina runter. Messina wird dir nicht gefallen, aber das kommt von den Erdbeben, wie ich schon sagte. Und du wirst finden, dass du froh bist, endlich in Sizilien zu sein, aber du wirst verrückt werden, weil Messina nie aufhört und deine Maschine schon warm wird vom hochtourigen Laufen hinter der Kolonne und der schrecklichen Trambahn, an der keiner vorkann. Das ist aber nicht mehr Messina, man täte ihr Unrecht. Das ist Gazzi, vielleicht Tremestieri oder gar schon Galati. Das Gedränge der Hütten ist unverständlich, denn die Straße zieht flach und ohne Kurven. Das Meer kannst du nicht sehen und die Berge auch nicht. Aber es ist wirklich nur ein schmaler Streifen Landes, und man muss sich schon umsehen, hier noch eine Hütte zu bauen.

Nach Scaletta wird es besser, weil die Tram aufhört und die Camions mit den leeren Orangenkisten rascher fahren. Die Berge sind immer noch ganz nahe an der Küste, aber unten spritzen die Wogen nicht die Felsen hinauf, wie man erwartete, sondern zwischen den Hütten und der See liegt hart gesotten ein breiter weißer Sandstreifen. Das kommt wieder von der Straße von Messina. Da oben muss eine Menge Wasser durch, und den ganzen Treibsand lässt es hier an der Küste. Oben in Messina hätten sie jeden Tag eine Menge zu schaufeln im Hafen, sagte der Alte in der Trattoria, und dass das so weiterginge hinunter bis Taormina. Das war übertrieben. Dem Alten tat es einfach Leid, dass man schon zu Fuß hinüber kann auf die Isola Bella, die schönste Insel der Welt, aber das war wohl schon immer so.

In Wirklichkeit hört das mit dem Sand bei Capo Sant' Alessio langsam auf, und die Straße gewinnt an Höhe. Du siehst dann die Bergkette hinauf, der schmalen bewohnten Niederung und dem breiten blendenden Sandstreifen entlang, und das Meer in gelben, grünen und blauen Bändern, mit den Mustern der mittäglichen Brise hinauf bis nach Messina. Und die Landschaft besteht nicht nur mehr aus verstaubten Opuntien – von denen ich gar nichts erzählte –, sondern auch aus Agaven dazwischen, Pinien und fantastischen Disteln. An den Hängen kommen noch Macchia dazu und Zypressen in den Furchen, und das Bläuliche ganz oben mögen Kastanien sein. Ein schöner Punkt. Ich bleibe hier immer stehen, und die Fahrer der Camions – weil sie mit ihren Dreitonnern in den Kurven so schlecht vorbeikommen – winken herunter oder schimpfen, je nachdem, ob sie in der Eile zuerst die Mädchen erkennen in unserem Wagen oder die anderen. Die Boote unten am Sand stehen ausgerichtet wie beim Rennen, und sie sehen wunderbar aus, weil sie große, ungebrochene Farben haben.

Gegen Capo Sant' Andrea werden die Hänge steiler, die Sandbuchten enger und die Macchia schütterer. Dafür stehen aber die schwarzen Zypressen schon in ganzen Rudeln und dahinter auf einmal, unter dir, die Isola Bella mit dem Häuschen obendrauf, zu dem Francesco den Schlüssel hat. Rechts die Abzweigung hinauf nach Taormina. In der Abzweigung steht nicht einmal eine Haltetafel für den Bus, aber zwei Hotelboys hocken hier und ein Ansichtskartenverkäufer, die einem sofort an den Hals springen, wenn man sich nicht versieht und etwas langsamer fährt.

Der lauteste brüllte „Bellevue! Pensione Bellevue!" und „Honeymoon! American!" beim rechten Fenster herein, schnitt Grimassen und tanzte gefährlich vor dem Hinterrad. Ich legte an, er schob sofort den Oberkörper herein. Darauf hielt ich ihm die gefalteten Hände entgegen und rief in breitem Sizilianisch: „Sai físsu, 'nsumma!?" (Ganz verrückt, was!?) Nun lächelte er phönizisch – und wehrte dann alle Belästigungen ab, als wir noch kurz ausstiegen und fotografierten. Das ist überall so an der Ostküste.

Dann bald eng und verbaut wieder dem Ätna entlang. Man sieht ihn vorher und nachher. Nachher sieht er besser aus. Es wird dir vorkommen, als hätte er insularen Barock ausgespieen, nicht Lava. Kirchenfassaden überraschender Größe und Zahl, die mit allem, was das Zeug hält, mit hundert Stiftern, Putten und Girlanden, über die enge Gasse hängen. Kurz vor Catania liegen die Zyklopenfelsen vor der Küste, aus schwarzem Säulenbasalt. Sie sind das Älteste da herum und deshalb am schwersten und am stillsten mit ihren Problemen. Das wird dir leicht zum Symbol dieser Küste. Das Älteste, das aus dem vielgliedrigen Osten, hat hier größtes Gewicht. Vielleicht noch das Sikulische, Phönizische? Sicher aber das Griechische.

Es hält die Grundmauern der Städte, selbst der Kirchen, und nur deshalb staunst du vor ihren Formen. Deshalb krabbeln jährlich Hunderte Ausländer in das „Ohr des Dionysios" und beleben es in ihrer Art mit lautem „Ha!" und „Buuh!", um die Akustik zu versuchen. Das Römische zählt nicht mehr recht, und das Christliche hält ohnedies nur bis zum nächsten Erdbeben. Die Fassaden haben zu viel Obergewicht. Das ist überall so an der Ostküste.

Nach Catania liegt eine breite Ebene. Erst mit Mais und Zuckerrohr, mit riesigen schotterigen Flussbetten und mit Orangen drüben. Die Ebene von Catania ist schon eine gewisse Zäsur in der Ostküste. Wohl weil sie breit genug ist.

Nach Lentini geht es wieder ordentlich hinauf. Die Höhen werden flacher, der Grund felsiger und die Dörfchen lockerer. Platz ist hier genug. Auf den Höhen siehst du manchmal eine Kakteenhecke oder eine Herde zwischen den Hütten, manchmal eine Palme. In den engen Tälern stehen noch Orangen – oder Zitronen, das kann man nicht gleich erkennen – und über den heißen Asphalt trippelt oft eine Gruppe Frauen mit ihren nackten Füßen. Sie tragen große Eimer auf dem Kopf. Sie gehen hintereinander, wenn sie voll Wasser sind, und nebeneinander auf dem Rückwege. Dann musst du, wenn du fährst, aufpassen.

Einige Male verschwindet das Meer ganz hinter den Kuppen. Das ist dann Augusta, Siracusa oder Capo Murro di Porco, und die Orangen werden langsam von den Oliven verdrängt, und es wird sandiger und heißer. Gegen Avola werden die Opuntien entlang der Straße – und deine Haare – weiß vom Staub, und die Ölbäume seltener, und wenn du manchmal eine Alte triffst mit einer Ziege, so wird sie die Schürze vors Gesicht halten und warten, bis du mit deinem Teufelszeug vorbei bist. Vor Marzamemì wird dir ein Hirte Kaktusfrüchte aufwarten, noch warm von der letzten Sonne, und wird sie dir abschälen, während du im Kühler nach deinem Wasser siehst. Das wird dir bekannt vorkommen; und es wird dir heimatlich werden, wenn dir von der ersten der Hütten – mit Leuchtfarbe gemalt – entgegenstrahlt: „Rallentare! Straßenende! Porto Palo!"

Sagte ich „Sizilien ist ein Dreieck"?

Wie du diese Behauptung auch prüfst, sie wird zerfallen und höchstens ein guter Boden werden. Sie entspricht nicht der ganzen Wirklichkeit. Die Küsten sind in Wahrheit Trillionensysteme von Wirklichkeiten, und Trillionensysteme kann man sich nicht vorstellen. Unser Geist ist schon einmal so beschaffen. Aber er will sich trotzdem stets an etwas halten; vielleicht an das Werden? An die Zeit?

Wenn ich heute rasch eine Skizze des Mittelmeeres entwerfe, um im Gespräch zu erklären, wo die See am tiefsten ist oder am wärmsten, wo Rhodos liegt oder Banyuls, so male ich in der Mitte – ein Symbol für Sizilien – ein rechtwinkeliges Dreieck; und wenn ich daneben noch Zeit finde, so denke ich rasch an das Einmalige, das ich gefunden habe, die Mattenhütte, an den Frater und an die Alte mit der Ziege. Denn vielleicht ist die Südküste doch länger als die beiden anderen zusammen, vielleicht ist Sizilien eine Art Strom.

Historizität

Von jener Reise ist mir ein Bleistiftspitzer-Globus erhalten. Am Nordpol steckt man den Bleistift hinein, die Südhemisphäre kann man abnehmen, um gelegentlich die abgedrehten Holzspäne auszumisten. Das Mediterran ist als winziges blaues Fleckchen noch erkennbar, Sizilien nicht mehr; und es ist evident, dass es mit seinen drei Seiten auch bei starker Vergrößerung nicht auftauchen würde. Das ist noch trivial; die Abstraktion hat Sizilien zur Gänze verschwinden lassen.

Gar nicht trivial ist die Frage, ob einer in der Zeit des Sizilien-Vorläufers vor jenen 100.000 Jahren seinen jetzigen Zustand hätte voraussagen können. Seine Form vielleicht, seine Kulturgeschichte kaum mehr und die Ansichten unserer heutigen Sizilianer niemals. Merkwürdigerweise ist daraus eines der belastendsten Probleme der Naturwissenschaften und unseres Umgehens mit der Welt von heute geworden. Das Problem der „Historizität" im Sinne unwiederholbarer Geschichtlichkeit.

Es verlangt, einzusehen, dass auch mit bester Kenntnis von

Ausgangsbedingungen, man kann auch sagen: der Konstituenten eines neuen Systems, das Ergebnis ihres Zusammenwirkens nicht vorherzusagen ist. Kulturwissenschaftler wissen das, manche Biowissenschaftler auch, die Anorganiker aber ringen weiter um ein unhaltbares Theorem.

Dabei beginnt Historizität schon in der Physik. Das empfiehlt einen Ausflug in das einfachste Beispiel, das mir einfällt. Sendet man in einen Rubidiumkristall Energie, Photonen, so gibt er die überschüssige Energie durch Lichtblitze wieder ab. Das entspricht vorhersehbarer Notwendigkeit. Die Richtung aber, in der er seine Blitze aussendet, ist in keinem Fall vorherzusehen. Was geschieht? Durch die überschüssige Energie geraten die Elektronen seiner Moleküle in angeregtere Bahnen, stören in unvorhersehbarer Richtung die nächsten und übernächsten Nachbarn, bis sich in etwas wie einem „Parlament der Moleküle" eine Hauptrichtung ergibt, in der der Blitz abgeht. Der mikrophysikalische Zufall reicht bereits in die Makrowelt.

Und in allen komplexeren Systemen, Mutationen, dem Werden des Programms jedes Hühnereis, eines Menschenkeims oder dessen späteren Gedanken geschieht das erst recht.

Der Anlass, das nicht wahrhaben zu wollen, geht von dem Wunsche aus, unbeschadet in die komplexe Welt eingreifen zu dürfen. Die Industrie fördert alle Forschung des Machbaren enorm und wird von ihr legitimiert, das auch massiv zu tun. Die unheilige Allianz einer Machbarkeits-Ideologie, die Fantasterei von einer reparierbaren Welt, die dabei ist, unsere Welt zu ruinieren.

*

Ich möchte auch diesen Absatz nicht einfach so stehen lassen, ohne zu begründen, warum uns das beschäftigen soll. Akademisch ist es schon richtig, das Werden von Geschichtlichkeit in der Physik beginnen zu lassen. Es mag aber sein, dass die Leserin, der Leser, Näheres hören möchte, warum das von Interesse sein soll.

Man sagt, dass Kulturen von drei Säulen getragen werden: Glaube, Kunst und Wissenschaft. Glaube und Kunst haben als

Träger nachgelassen. Die Wissenschaften haben sich fast alles herausgenommen und sind zu einem mächtigen Apparat geworden, der unsere Welt verändert. Und dort, wo er sich besonders entfaltet, hat er auf die Geschichtlichkeit der Dinge vergessen. Wie also konnte das kommen?

Die Schulen im Altertum waren noch ziemlich frei. Aber schon die ersten Universitäten im Islam und in der christlichen Welt hatten Weltbilder aus den jeweiligen Bekenntnissen zu entwickeln. In der Renaissance und der Feudalzeit waren sie Schmuck der Fürstenhäuser, mit den Republiken folgten sie nationalen Interessen und mit der Globalisierung jenen der Wirtschaft.

Die Aufklärung, die den Menschen eine beträchtliche Befreiung brachte, zog auch einen Optimismus des Eingreifens und des Machbaren, Industrialisierung und Bedenkenlosigkeit nach sich. Mit der Aufklärung entstand der Positivismus, die Vorstellung, dass echte Wissenschaft nur das sein könne, was, jenseits von aller Grübelei, auch praktisch gehandhabt werden könne. Der Rest erschien als unnütze Spielerei.

Selbst das alte Ethos der Forschung, alle Erkenntnis allen zu Kritik wie zu Nutzen frei verfügbar zu machen, verliert sich. Die Entdeckungen wandern in die Tresors der Konzerne, um dann, zu weiterem Gewinn, patentiert auf den Markt zu kommen.

Natürlich sind Orchideen-Fächer übergeblieben, nun als nostalgischer Schmuck verbleichender Universalität. Aber, wo die Welt verändert wird, wo die großen Mittel hineinfließen, wird unbedacht verändert und historisch Gewordenes, nicht wieder Herstellbares, Biotope, Arten, genetische Strukturen zerstört.

Nun haben wir Menschen immer eingegriffen, gerodet und gewildert; alles Leben ist Eingreifen in die Welt. Aber die Ideologie der Aufklärung hat übers Ziel geschossen; und wir sind einfach zu tüchtig geworden und machen die Atmosphäre und ganze Meeresteile kaputt. Man muss die Aufklärung durch eine „Abklärung" moderieren, die aus Kenntnis unserer Ausstattung lehrt, unsere Grenzen kennen zu lernen.

Reise in der Sonne

Damals fühlten wir uns ungewöhnlich sicher, auf der nächsten Reise nach Sizilien. Wir hatten eine Menge Geld, einen Fensterplatz im D-Zug Wien–Rom, kannten Sizilien und hatten eine Aufgabe übernommen, die schon so gut wie gelöst war. Es würde sich offenbar nicht mehr ereignen, als man schon haben konnte, wenn man für ein Universitätsarchiv Bilder machen soll, Fotos von den bronzezeitlichen Felsnekropolen oben im Hochland. Aber es würde immerhin noch eine passable Italienreise werden.

*

Auf dem Heimwege erinnerten wir uns nur ungern an diesen Geisteszustand, unter dessen Wirkung wir aufgebrochen waren.

*

Nun im Zurückblicken bin ich ganz sicher geworden, dass diese Reise so recht erst in Palermo begonnen hat. Nicht in Rom oder Neapel. In Palermo, weil wir uns hier einige Tage vertrödelt hatten – jedermann vertrödelt sich in Palermo, im Palazzo Reale oder sonstwo –, und weil wir nämlich hier entdeckten, dass eine gewaltige Hotelrechnung unsere Reisekasse ganz unerwartet und weit vor unserem Reiseziel völlig vernichtet hatte. Ein nochmaliges Übernachten war ausgeschlossen. Vernunft war abzurufen.

Kaum ein Augenblick unserer Reise ist mir in so greifbarer Erinnerung wie dieser Start nach Pantalica. Wir saßen in der Hotelhalle, eingesunken in die Klubfauteuils, eingehüllt in eine Wolke von erfrischendem Unsinn, zählten unsere restlichen Lire und die Kuchenschnitten, die noch geblieben waren, und draußen begann es, leise zu nieseln.

Am Bahnhof musste vor allem das Gepäck auf das Allernötigste reduziert werden – genauer, diese Reduktion wurde von mir aus dem Hinterhalt erkämpft, da die jüngere Hälfte unserer zweiköpfigen Reisegesellschaft weiblichen Geschlechts war –, reduziert auf Schlafsäcke und Fotoausrüstung sowie eine umfangreiche Reisetasche voll kleinster Utensilien für Kunstgeschichte und Körperpflege, die ihr nichts zu entwinden vermochte. Alles Übrige wurde nach Messina geschickt.

Im Zuge, den wir ohne Karten bestiegen hatten, begannen wir mit dem Schaffner groß angelegt eine Unterhaltung über Rückfahrkarten und die Möglichkeit, mit ihnen auch andere Strecken zu befahren, und als sich das Konsortium der langsam versammelten Zugbegleiter endlich einmütig gegen unsere Meinung entschieden hatte, waren wir in Termini-Imerese angelangt und stiegen unter schwachem Protest aus. Schwach aus dem Grund, weil die Hälfte der Waggoninsassen – wieder ganz zu Unrecht – *unsere* Partei ergriffen hatte und wir Tätlichkeiten befürchteten. Einige, die mit uns ausgestiegen waren, versuchten das intolerante Vorgehen ihrer Landsleute so temperamentvoll zu entschuldigen, dass wir Mühe hatten, der Wahrheit in verstecktem Kampfe ihr Recht zu sichern. Signore Merichi, der gewissenhafteste unserer Tröster und Buchhalter in Palermo, führte uns darauf feierlich in eine Konditorei und verausgabte sich in unverantwortlicher Weise – übrigens nur einer von all den Fällen, wo der Erfolg nicht auf *mein* Konto kam, und ich empfehle jedermann, in Sizilien mit einer jungen blonden Dame zu reisen.

Nichts sprach gegen Termini, aber wir beschlossen nach einem Rundgang, doch über den Abend einen Abstecher nach Cefalù zu machen. Diesmal besetzten wir ein Abteil der II., um mit dem Schaffner allein ein offenes Wort zu reden – und Schaffner Emilio war ein entzückender Mann. Er konnte einige Worte Deutsch, wie „Freileun“ und „bittesehn“. Wir hatten gewonnen, und Emilio blühte auf unter den Strahlen seiner Verantwortung. Während der Zug fuhr, suchte er Leute, die in Cefalù ausstiegen und Quartiere wüssten; und während er stand (und hier drohte stets Gefahr in

Person von Kontrolloren), ging er unter unserem Fenster auf und ab, informierte flüsternd seine gleichgestellten Kollegen und vergaß nicht, uns bei jeder Passage unmissverständlich zuzublinzeln.

Bestimmend war jedoch sein Angebot, morgen früh mit seinem 6-Uhr-Zug in gleicher Weise zurückzureisen. In Cefalù war es bereits Nacht, unsere Führer verloren sich und wir bummelten zum normannischen Dom.

Morgens am Bahnhof wimmelte es von Bauern, Händlern und Kontrolloren. Wir benahmen uns sehr bescheiden und schlüpften in ausgeklügelter Weise in den angekommenen Zug. Keine Spur von Emilio, und als wir uns nach der dritten Station bei einem solchen Versager zu entschließen begannen, künftig ohne Murren den Bahnpreis zu bezahlen, kam wirklich ein fremder Schaffner. Nachdem er alle Insassen umständlich revidiert und uns dazwischen ausgiebig gemustert hatte, wünschte er uns gute Reise und verschwand. Wir machten uns auf das Schlimmste gefasst, aber nichts weiter geschah.

Später trafen wir Emilio. Er hatte sich geirrt und in diesem Zug doch keinen Dienst gehabt, aber seinen Kollegen gebeten, die Herrschaften, die „an der Stelle der Knöpfe am Mantel Hölzer tragen", nicht zu belästigen. Wir trugen die damals noch recht auffälligen englischen Reisemäntel.

Die Reise durch das Landesinnere wäre ohne bemerkenswertes Ereignis verlaufen – Giuliano war nicht mehr am Leben –, wenn nicht eine Verkettung von Zufälligkeiten uns das Heft des Handelns wieder aus der Hand genommen hätte. Man muss dazu wissen, dass es an der Abzweigung Enna–Catania–Syrakus eine Weichenhütte mit Namen Bicocca gibt, wo jeder Eingeweihte sich aufmerksam machen lässt und umsteigt, wenn er, den Trubel von Catania vermeidend, nach Syrakus gelangen will. Bis zur Kontrolle reisten wir, wohl umringt, aber doch irgendwie inkognito; aber dann wusste jeder von uns alles und wir alles von jedem, und da unser Schaffner nicht so weit mit uns fuhr und sich auf seinen Nachfolger offenbar nicht verlassen wollte, versammelte er alle Reisenden um uns, die ebenfalls weiter nach Süden wollten. Das war verhängnisvoll, da sich nach seiner Ablösung die Meinungen über einen günstigen Umsteigepunkt für Fremde rasch teilten, die Verantwortlichkeiten sehr erhärteten und die Parteien eifersüchtig auf die Durchführung ihres Reiseplanes achteten. Ein unbedachter Griff nach der Reisetasche löste einen Entrüstungssturm aus, ja selbst ein Hinauszeigen aus dem Fenster wurde uns verwehrt, da wir Unkundigen auf Objekte zeigten, die mit Bicocca ja gar nichts zu tun hatten. Angesichts der Tatsache, dass uns – wiewohl mit verständnisvoller Nachsicht, aber doch mit Bestimmtheit – die Fähigkeit vernünftig zu handeln abgesprochen wurde, die Bestimmer unseres Schicksals aber nicht über dessen Verlauf einig wurden, versammelten wir vor Bicocca heimlich unser Eigentum zu griffbereiten Formationen und sprangen kurz vor Abfahren des Zuges hinaus.

Mit derselben Fixigkeit wurden wir von allen wieder auf die Plätze befördert, und bis Catania konnte sich niemand mehr über den glücklichen Ausgang dieses Zwischenfalles beruhigen. Der Vorsehung ist wohl nicht zu entgehen.

Am Bahnsteig 3 von Catania, wo wir uns dann ziemlich unerwartet befanden, durften wir – störrisch wie wir uns benommen hatten – nicht erstaunt sein, dass sich der Ring der freundlichen Bauern, strahlend glücklich mit ihrem neuen Besitz, nicht um einen Zoll lockerte, ja dass wir sogar bei unaufschieblichen Erledigungen auf Bahnsteig 1 einzeln eskortiert wurden. Jedermann wird daher unsere Freude nachempfinden, als Gigi, ein wohlerzogener Student aus Augusta, mit Gewandtheit und lautem Schriftitalienisch die Reihen teilte und sich unser bemächtigte. Heute in Lentini bleiben zu wollen erklärte er nachweislich als Unsinn, die Straße von dort nach Melilli (wo wir nach Pantaica hätten durchmüssen) eindeutig als nicht existent und was unsere Fahrkarten beträfe, die nur bis Lentini reichten, so mögen wir uns nicht bemühen, denn erstens seien die Sizilianer gutmütig, zweitens kenne er alle Schaffner und drittens würde er im Zweifelsfalle die Sache selbst bereinigen, wenn wir nur unsere Sprachkenntnisse verbargen. Wir müssten unbedingt nach Augusta, dort gäbe es hundert Freunde, Tanten, das Auto des Vaters, seine Vespa und die besten Straßen nach Melilli.

Bahnsteig 3 hörte staunend zu, Gigi verzichtete auf seine zweite Klasse, wir stiegen alle ein, er zerstreute vor dem entzückten Publikum alle von uns nur mehr unsicher vorgebrachten Bedenken, und dann konnten wir also nicht mehr Italienisch.

Lentini kam, der Schaffner kam, ich stellte mich blöd, Gigi versank bei seinem Anblick ganz unerwartet in Schlaf, die übrigen Insassen begannen zu schnattern, der Schaffner fühlte sofort den Betrug, wurde mit verletzenden Rufen im Augenblick in Weißglut versetzt, überhäufte uns mit allem Gift seiner gekränkten Ehre, wir konnten wieder Italienisch und bezahlten die Karten, der Schaffner ging unter Flüchen, die Reisegesellschaft zeterte weiter, Gigi erwachte und zeterte mit – alles war so unglaublich folgerichtig. Nun erst gaben wir unsere Rolle auf und spielten mit. Schnitten Gesichter, bejammerten laut das erlittene Unrecht und die verzweifelte Situation und begrüßten emphatisch die Vorsehung, die uns durch Gigi (ihren irdischen Herold) Labung und Nachtlager in Augusta sowie eine Autofahrt nach Pantálica gesichert hatte. Die Lage des Herolds wurde verzweifelt, und als wir fröhlich gemeinsam ausstiegen, war er bereits allein mit seinem Kummer. Wer hätte das auch kommen sehen. – Gewiss, man soll Menschen nicht leiden lassen, aber die Praxis hat uns Recht gegeben.

Vom Bahnsteig bis zum Ausgang kam die Wahrheit heraus – so halb nackt. Das Auto war in Catania, die Vespa kaputt, die elterliche Wohnung nicht eigentlich in Augusta und die eine verfügbare Tante ganz unzugänglich. Für diese glatte Lüge ließen wir ihn die schwere Tasche tragen.

Das Folgende, Gigis Kampf um die letzten Hüllen, war in seiner Tragik ziemlich komisch und endete damit, dass er bei jedem erleuchteten Straßenfenster hineinredete und um die Unterbringung zweier nordischer Studenten bat. Wir taten ganz, als müsse das so sein, aber schon bei einem der ersten hatte er Glück: Autobus- und Chauffeurstall der Firma „*Asat*", wohl nicht ganz fertig gebaut, aber voll in Betrieb.

Als Erster tauchte Piero Marglia auf, klein, schwarz und Autowäscher, dann immer größer und jovialer die Chauffeure und der Chef. Die Beglückten hatten ihre ungewöhnliche Abwechslung, wir unsere Vorsätze und Gigi halbwegs sein Gesicht bewahrt. Der Chef (und ich werde ihn fortan so nennen) führte uns in die Stadt zum Abendessen, wie wenn er nur darauf gewartet hätte, hieß Gigi vor der Türe warten und erlaubte ihm dann, sich nur noch ein wenig mit uns in der Stadt zu zeigen. Mitten in Augusta besuchten wir die kleine Wohnung seines Vaters, der sich im Herbst gerne ein Auto kaufen möchte, saßen auf modernsten Möbeln von großer Hässlichkeit und tranken besten Cinzano.

Gegen Mitternacht gingen wir in unsere Autorimessa, freudig begrüßt und erwartet von allen. Piero trug das Gepäck, die Chauffeure die Decken und der Chef überwachte die Gründlichkeit der Durchführung; wir hatten einen eigenen Raum, oder für jeden einen Autobus zur Wahl. Wir wählten Ersteren, denn man soll Gastfreundschaft nicht abschlagen, aber auch nicht den Nachtfrieden aller männlichen Gastgeber gefährden. Ist der Vorsehung wohl vorzubeugen.

Morgens brachte Piero etwas Kaffee und das Wasser, die Chauffeure ein paar Schüsseln, und der Chef überwachte die Gründlichkeit der Durchführung. Der Autobus nach Melilli ging um 7 Uhr und bis zum letzten Augenblick wussten wir noch nicht, ob wir umsonst mitkommen könnten. Erst in diesem gab mir einer der Fahrer heimlich die Karten, der Chef schob uns auf reservierte Plätze und Piero kam mit einem mächtigen Paket der besten Zigaretten angesaust, ein Vermögen für den Jungen, ganz außer sich und dem Weinen nahe, als wir es nicht annehmen wollten – einer jener ergreifenden und kaum ganz verständlichen Höhepunkte unserer so sizilianischen Reise. Der Bus wurde bald leer, und wir erreichten schließlich wie mit einem Sonderautobus Melilli.

Von Melilli nach Sortino, der letzten ernstlich bewohnten Siedlung vor Pantalica, funktionierte niemals ein Fahrzeug, wurde uns hier, wo man es wissen musste, nochmals versichert, und so machten wir uns – wie ich heute glaube, in Unkenntnis der kommenden 20 km – fröhlich auf den Weg. Unsere Gepäckstücke, nicht ganz zum Tragen berechnet, machten ihre selbstständigen Wanderungen. Vom Kopf auf die Schulter, von unter der Achsel wieder auf den Rücken, sodass wir, befangen von dieser doppelten Tätigkeit, einsilbig wurden.

Alles gewann ein anderes Gesicht, als uns auf einsamer, staubiger Landstraße ein Engel nachkam, ein Engel in Form eines jungen Radfahrers. Wir fragten ihn – natürlich ganz unnötig – um eine solche Vielfalt von Dingen, dass er zum Absteigen gebracht wurde, und wieder einmal entpuppten wir uns alle und zu aller freudigen Überraschung als Studenten. Da auch er – Carmine – nach Sortino wollte, brachten wir das Gespräch auf Radfahren, Damenräder und sein wunderbar neues Fahrrad. Es war ein großer Genuss, zu sehen, wie sich bei einer ganz wunderbaren Idee, die ihm bei diesem Gespräch unvermittelt kam, sein Gesicht straffte und er mit ein paar glänzenden Worten sich erlaubte, der Dame das Rad anzubieten. Zu meinem unsagbaren Glücke hatte gerade besagte Dame die schwere Reisetasche in Händen, die er ihr galant abnahm und elastisch über die Schulter warf. Die Dame entschwebte erleichtert und mit auffallenden Radfahrkenntnissen. Nachdem ein Kilometer zurückgelegt, Carmine schweigsamer und röter, der Weg steiler und das Ungleiche unserer Belastungen offensichtlicher geworden war, begannen wir über Sport zu reden, wobei er sich als Meister der Ausdauer entpuppte.

Im Laufe der nächsten Viertelstunde dämmerte ihm, dass er sich selber um die Damengesellschaft betrogen hatte, um derentwillen er solche Lasten eigentlich hätte auf sich nehmen wollen, und in der nächsten verfestigte sich aus diesem dumpfen Unlustgefühl so etwas wie Sorge um sein Fahrrad, sodass nun ich meinerseits veranlasst wurde, über die Rechts- und Sicherheitsverhältnisse von Radfahrern in der Umgebung von Sortino zu referieren. Trotz meiner beruhigenden Darstellungen wurde aber fortan jeder Hirte, dem wir begegneten, über die letzten Vorgänge auf der Straße befragt, und da sich die ersten unter ihnen noch an eine junge Dame mit Fahrrad erinnerten, die späteren aber nicht mehr, so konnte die Stichhaltigkeit meiner Ausführungen ernstlich in Frage gezogen werden. Seine Verzweiflung erbrach sich endgültig nach außen, als sich herausstellte, dass sein letztes Zündholz verbraucht war. Es war mir – mit Hilfe der Linse meines Fotoapparates – noch kaum gelungen, sein seelisches Gleichgewicht wiederherzustellen, als ein neuer Insult es endgültig zu Fall brachte. Ein Motorradfahrer kam uns entgegen und rief, dass vor Sortino bei einer Polizeistreife eine Dame ohne Papiere auf uns wartete. Nun half nichts mehr als rasche Schritte – dort löste sich aber alles ganz gerecht. Carmine erhielt sein Fahrrad und der Polizist die Papiere des Mädchens aus meiner Tasche, die Carmine getragen hatte.

Aber das letzte Stück nach Sortino hatte keiner von uns dreien moralische Kraft genug, das Fahrrad wieder zu besteigen, und es wurde dann beladen und von seinem Besitzer, trauriges Objekt der Sorgen, das es war, durch den Staub bis an sein Ziel geschoben. – Unsere junge Dame aber bestieg einen Eselkarren.

Von Sortino ohne Karte den Weg nach Pantalica zu finden, ist nicht ganz leicht, und es rechtfertigt meinen Leichtsinn, einige Jungen am Rand des Dorfes nach diesem gefragt zu haben. Das Ergebnis war überwältigend, denn im Handumdrehen waren gezählte 60 Jungen um uns und vor uns, die den schmalen Eselspfad in eine Satansschlange von Staub, Geschrei und wirbelnden Steinen verwandelten. Eine einzige Möglichkeit mir Gehör zu verschaffen war geblieben. Wenn wir nämlich stehen blieben und umständlich mit dem Fotogerät zelebrierten, versammelte sich alles um uns, und es wurde so still, dass ich eine Rede halten konnte. An einer besonders wirkungsvollen Stelle wiederholte ich diesen Vorgang, beschimpfte sie dann gröblich, packte sie an ihrer Jungenehre und schickte sie nach Hause. Wir flüchteten.

In der ungeheuren Einsamkeit der Schluchten von Pantalica und den Hunderten Felsengräbern an ihren steilen Flanken mochten wir schon einige Stunden gearbeitet haben, als uns das Getrappel einer Ziegenherde aufschreckte – nein! Die Freude war riesengroß, unsere Jungen waren wieder da. Bei unseren Grabungen haben sie sich in hingebender Arbeit aber ungemein bewährt.

Spätabends in Sortino bot sich ein merkwürdiges Bild. Inmitten des dicht gedrängten Hauptplatzes saß ein echter Moritatensänger auf seinem vorsintflutlichen Auto unter einer baumelnden Lampe, und während sein Assistent auf die Bilder der rundum aufgehangenen Tafeln zeigte, breitete ein schwächliches Mikrofon (an der Gitarre angeschraubt) seinen Gesang knarrend über Sortino. Während Giulianos Tod über den Platz klirrte, unterbrochen vom Verkauf der Texthefte, drängten wir uns vor zum „Poeta", erfuhren, dass er morgen weiter nach Syrakus führe, stellten uns als Studenten vor, entdeckten, dass wir beide Philosophen waren, schlossen Freundschaft mit großen Gebärden und vereinbarten uns für morgen. Es war das das erste Mal, dass meine Rede in Italien übertragen wurde.

Das Auto war von unbeschreiblicher Kleinheit und es ist gewiss nur auf den Umstand zurückzuführen, dass wir mit einer Artistengruppe reisten, dass wir zu sechst darin Platz fanden. Über uns wurde dann noch das künstlerische Material gebreitet, Texthefte, Kabeln, Moritaten, und die Plache niedergeschnürt, damit alles zusammenhalte. In kühnen Schwüngen schleuderte dann dieses Bündel hinunter in Richtung Melilli.

Poeta Orazio Strano sang, die Beinstummeln dicht an das greise Gesicht gezogen – nein, er dichtete, denn die Strophen stimmten überein mit den Hütten, Eseln und Kakteen, die vorbeizogen, vor allem aber mit uns; einen Hymnus auf Sizilien, inbrünstig, einfältig und voll des blinden Glaubens an die Menschen – einer jener ergreifenden und kaum ganz verständlichen Höhepunkte unserer Reise. Ein Poeta ist mehr als ein Dichter oder Sänger, er ist vielmehr das, was Volksphilosophen, Beichtväter und Hellseher gemeinsam haben, und Orazio Strano war gewiss ein Weiser seines Landes. Aber er sang das in einer Sprache, die für uns letztlich unglaublich ist, voll einer glückstrotzenden Sentimentalität, die der überaus traurige und irrationale Text durch nichts rechtfertigte; und in der Folge wurde ich gezwungen, die Übersetzung eines Wiener Heurigenliedes zu singen. Das war zu komisch, der Poet aber ehrlich gerührt. Dann bemerkte ich, dass unsere etwas unkonzentrierte Dame verstohlen versuchte, zwischen sich und den langsam zudringlich werdenden Chauffeur eine der kartonenen Moritaten einzuschieben, eine Handlung, die von unserem verklärten Poeten – als er sie bemerkte – aus tiefer Einsicht mit raschem Griff vollendet wurde.

Als wir uns nach Syrakus verabschiedeten, versicherten sie, künftig auch über uns eine Moritat zu singen, und hießen einen Händler, uns so viele Orangen zu geben, als wir halten konnten.

Im Museo Nazionale von Syrakus, von dem nicht genug bekannt ist, dass es neben den erstaunlichsten Kunstschätzen auch über einen ebensolchen Reichtum in Form der reizendsten Menschen verfügt, hatten wir mit Assistenz des halben Personals eine große Menge Bilder gemacht und versuchten nun, gegen Mittag und mit Hilfe der Reisebüros, unseren „Asat!"-Chef aufzutreiben. Als wir ihn zufällig wirklich fanden, begrüßte er uns wie Jungen, die zu spät aus der Schule kommen. Er hätte uns gestern erwartet, Nachtlager und Frühbus reserviert (kein Wort wahr von allem) und werde nun Mühe haben, uns noch ordentliche Freiplätze zu sichern. Nochmals Konditorei – wir hatten uns mit Orangen schon fast verdorben –, und dann ging es per Bus nach Norden.

An der Abzweigung der Busroute Augusta von der Hauptstrecke verlangten wir auszusteigen, mussten aber versprechen, falls wir bis abends kein Fahrzeug bekommen hätten, mit dem Nacht-„Asat" wieder als Gäste nach Augusta zu kommen. Ich sagte gerne zu, da ich an dieser ungünstigen Stelle schon vor einem Jahr gut einen halben Tag umsonst gewartet hatte, und weil unsere Reisekasse Bahnkarten bis Messina nicht mehr geleistet hätte. Die Straße kann hier ausgestorben sein, und die wenigen Fahrer bleiben in den abschüssigen Kurven nur ungerne stehen. Ausgerechnet hier parkte ein Wagen, wie ein Hohn über die Einsamkeit. Gewiss war Paolo Fontana, Getreidegrossist aus Catania, eine Sekunde lang pikiert und erst durch unsere junge Dame ganz gewonnen, gewiss war ihm Ähnliches auch noch nicht passiert und das Ganze etwas ungewohnt; aber ebenso gewiss war es auch, wie rasch er das Ungewöhnliche als kleine Köstlichkeit heraussah und wie er sich nun nicht einer sozialen Pflicht mit Haltung entledigte (wie das beim Trampen im Norden oft so spaßig zu erleben ist), sondern – viel weniger würdig, aber viel menschlicher – zuvorkommend und bescheiden, aber mit Absicht selber lebte.

Wir fuhren los, plauderten über Straßenbau, den Glockner, Skifahren in Österreich, erst mühsam und formell französisch, dann endlich italienisch. Seine Getreidepreise und Transport-Schlüssel versanken sichtlich und machten einer Freiheitlichkeit Platz, die ihn überraschte und mit der er sich aufschwang zu einer Art ferialem Glücksgefühl, das nicht nur mit ihm, sondern auch mit uns Ferien machte. Bei nächster Gelegenheit ließ er den Tank füllen, und damit rissen die letzten Brücken zur alltäglichen Welt. Wir flitzten hinaus an den Strand, hinein nach Catania, stöberten nach besonderen Leckerbissen, summten hinauf auf den Ätna, tranken Lacrima-Cristi von weit her, bummelten über Schnee und Lava, und erst im Abenddämmern in weiten planlosen Schleifen über die Osthänge des Vulkangebirges durch Menschen und Landschaften – die einem sonst immer entgehen – wieder ans Meer; dort bekam unsere junge Dame eine Bonbonniere so groß wie eine Hutschachtel, nach Catania, dort bekamen wir Freikarten II. Klasse nach Messina – auf den Bahnhof; dort bekam Paolo ein Küsschen – und fort war er wieder, mit ein paarmal Winken, mit einigen ungewählten Worten, fort im Geschiebe seiner Catanesen am nächtlichen Bahnsteig 1. Einer jener ergreifenden und kaum ganz verständlichen Höhepunkte unserer Reise.

Bald darauf donnerte draußen Acireale vorbei, dann Taormina, wir erhaschten nur mehr ein wesenloses Mondscheinbild der Isola Bella und überlegten gerade, ob wir recht gehandelt hätten in dieser Begegnung, ob es billig war, ihnen so gegenüberzutreten, ob nicht die fremde und irgendwo gewiss unverstandene Verteilung von Recht und Pflicht unter dieser Sonne von uns ein anderes Verhalten verlangt hätte, aber als wir uns erinnerten, wie uns diese Menschen verließen, Emilio, Gigi und Piero, Carmine, der Poeta und eben jetzt Paolo, so glaubten wir wieder, dass es richtig war.

In Messina mussten wir umsteigen, hinüber auf den Kontinent, und als wir auf der Eisenbahnfähre – die letzten Hafenlichter der Insel wollten sich eben zitternd verabschieden –, als wir gerade hier unsere gewohnte III. Klasse aufsuchen wollten, machte uns der Schaffner darauf aufmerksam, dass auch unsere alten Rückfahrkarten „Messina–Wien“ um 20 Uhr in Catania auf II. Klasse aufgezahlt worden waren. Ist es unvernünftig, zu glauben, dass Schicksal vorgegeben ist? Aber das fragte ich mich schon.

Rationalismus

Erst viel später begriff ich, wo wir da eigentlich waren. 1971, zunächst Professor in den USA, bin ich an die Wiener Uni zurückberufen worden und begegnete meinem frühen Lehrer *Konrad Lorenz,* der, im gleichen Jahr emeritiert, ins „Familienschloss“ in Altenberg an der Donau zurück war. Wir hatten beide entdeckt, er direkt, ich über Umwege, dass unsere angeborenen Anschauungsformen ein Produkt der Selektion sein müssten. Beide hatten wir in Erkenntnislehre dilettiert und wollten einen Nachhilfelehrer. Den kannte ich: *Erhard Oeser*. Und im Altenberger Park öffnete sich uns einen Sommer lang eine neue Welt: die Kulturgeschichte von Verstand und Vernunft.

Die Griechen hatten schon im 8. vorchristlichen Jahrhundert Kolonien bis Ionien und Sizilien vorangebracht. Im Osten wurde

Milet geistiges Zentrum, im Westen Syrakus. Philosophen im Osten vertrauten den Sinnen und dem Verstand, im Westen dem Denken und der Vernunft. Sie drängten die Sikeler und ihre Pantalika-Kultur zurück in die Berge und hatten bis ins 5. Jahrhundert von ihnen Ruhe.

Pythagoras spielte eine Rolle und *Parmenides*. Sie entdeckten Zusammenhänge zwischen dem reinen Denken und der Welt, sie entdeckten mathematische Sätze, aber auch dass die Halbierung der Saite auf der Lyra den Wohlklang der Oktave ergibt. Es musste eine Beziehung zwischen der Weltseele und der des Menschen geben. Was für ein Erlebnis muss solche Einsicht gebracht haben!

Im 5. Jahrhundert versuchte *Platon* im Syrakus des Tyrannen *Dionysios* cin Staatsideal der Vernunft einzurichten, scheiterte, hinterließ aber in Athen eine Ideenlehre mit der Annahme, dass wir die Welt verstünden, weil sich in unserer Seele Erinnerungen an die Weltseele fänden, die das Gute, Schöne, Wahre und Ewige vereinte. *Kleanthes* fragte sich dann, ob die Menschenseele, so sie sich als gut, schön und wahr erwiese, nicht auch Anteil am Ewigen haben könnte. Das verlangte einen Weltenrichter und *Paulus* wusste, wer das ist. Die Kirche hat diesen Rationalismus beibehalten; und die Vernunft, die Ratio, steht nun zweieinhalb Jahrtausende entzweiend gegen die Erfahrung.

Man vergebe mir einen solchen Galopp durch unsere Geistesgeschichte. Aber man darf Syrakus nicht verlassen, ohne daran gedacht zu haben.

*

Auch an solcher Stelle folge ich wieder dem Rat wohlmeinender Freunde, die meinten, dass das Gesagte wohl richtig sei, ich aber den Leser in die Hintergründe des Rationalismus wenigstens hineinlocken solle. Das tue ich. –

Ist es nicht so, dass, wenn man die Augen schließt, doch noch eine ganze Welt um einen ist? Eine Welt aus Vorstellungen und Erinnerungen. Sie „sieht“ zwar etwas anders aus. Wie sind die

Farben? Wie sieht die rote Rose aus? Etwas blasser? Aber rot ist sie offenbar.

Im Grunde ist das eine berührende Welt, die, so künstlich sie sein muss, uns eine eigene Art von Realität vorführt.

Man denke beispielsweise an Zahlen. Wir können uns keine Zahl vorstellen, die so groß ist, dass ihr nicht noch eine weitere hinzugefügt werden kann. Und: Es gibt kein Teilchen, das so klein ist, dass man es in Gedanken nicht doch nochmals halbieren könnte. Was da auftritt, ist, was wir das Unendliche nennen, und wir benötigen das auch für Formen höherer Mathematik. Obwohl es etwas ist, das es in der Welt gar nicht zu geben scheint.

Man denke an die Geometrie. Wenn ich ein Quadrat durch seine Diagonale geteilt denke, sind seine beiden Hälften wohl absolut gleich groß. Und mit einer Präzision, die keine Messung erreichen könnte. Und wenn ich es unter dem Mikroskop mit dem Mikrometer messe, werden auch die zartesten Linien zu qualligen, schlecht begrenzten Streifen. Ist unsere Vorstellung dann nicht jeder Messung überlegen?

Und noch eines: Wieso kann ich wissen, dass ich existiere? Die rationale Lösung lautet: *„cogito, ergo sum“*, „ich denke, also bin ich“. Bin ich nicht, wenn ich schlafe oder jedenfalls nicht denke? Einen wie mich, der aus Biologie und Evolutions-Forschung kommt, nimmt das wunder. Ist es nicht umgekehrt, indem unser Denken eine Möglichkeit des Gehirns, weiter des Nervensystems und des Lebendigen sein müsste: So bin ich gemacht, und daher denke ich: *„sum ergo cogito“*?

Nicht so die Rationalisten. Will man konsequent sein, so stellt man sich das Denken als Möglichkeit von Geist und Seele, als unkörperlich vor. Das führt zum Dualismus; der Theorie einer zweigeteilten Welt. Es würden einander eine *„res extensa“* und eine *„res cogitans“* wie Leib und Seele als unkörperliche und körperliche Welten gegenüberstehen.

Natürlich bringt das neue Schwierigkeiten. Denn man muss sich dann fragen, wie denn die Verbindung zwischen diesen beiden aussehen müsste. Entweder wäre Materie nur eine Form des

Geistes, oder, wie Materialisten sagen würden, Geist nur eine Form der Materie, oder aber die beiden liefen parallel, eine Art psycho-physischer Parallelismus, von dem witzige Kritiker feststellen, man könne nur feststellen, dass dieser wirklich ziemlich parallel sein könne.

Ich glaube nicht an eine zweigeteilte Welt und nehme diese Konstruktionen als einen Hinweis auf einen kognitiven, einen gedanklichen Dualismus als Folge unseres Sprachdenkens. Unser Wahrnehmungsapparat lässt uns in Strukturen oder aber in Funktionen denken. Erstere über Gestaltwahrnehmung. Davon war schon die Rede. Letztere in noch weniger bekannter Weise; jedenfalls ganz anders. In unserer Syntax erscheinen Erstere als Nomen, Letztere als Verben.

Und so scheinen uns auch Strukturen und Vorgänge, Körper und Funktionen und eben auch Leib und Seele als kaum vereinbare Qualitäten. Ich halte dafür, dass wir den Dingen näher kommen, wenn wir Denken, Geist und Seele als Ausdrücke unseres Sprachdenkens für die Funktionen unseres Gehirnes nehmen.

Das Kommende habe ich mir selber zuzuschreiben, es ist wieder Stückwerk, es sind bloß die ungeraden Seiten der vorigen Geschichte; einer wie ich vermag das Vielgesichtige selbst zu erleben, aber er schafft es nicht, es in seiner ganzen Komplexität wiederzugeben.

Und deshalb verlangt das 3. Kapitel zum Mindesten das vierte. Jedenfalls für den, der die Wirklichkeit in ihrer Fülle erlebt und nicht nur den flottierenden Schaum geboten bekommen will, die kleinen, anmaßenden Aufregungen des Morgen und Übermorgen, den ich doch vorerst abgeschöpft und nachgeschrieben habe.

Reise in der Nacht

Im Zurückblicken bin ich ganz sicher geworden, dass unsere Reise erst in Palermo begonnen hat. Gewiss, diese Geschichte habe ich schon einmal erzählt, aber ich habe einiges zu sagen vergessen.

Ich glaube, ich sagte zum Beispiel: „Jedermann vertrödelt sich in Palermo“ und ähnliche Sachen. Das ist schon richtig, nur möchte ich mich noch etwas genauer erklären.

Clarissa

Es war das ein trüber Morgen, und der Wind blies die Blätter der Nachtausgabe des „Risorgimento“ um die Ecken des „Quattro Canti“. Die Trauerfahne an der Universität richtete sich manchmal auf mit geblähter Brust, breitete die Hände über die leere Straße und fiel dann wieder zusammen, ein schmutziger Lappen, an die schläfrigen Fenster gepresst. Über der Kreuzung schwankte die verlöschte Verkehrsampel, aufgehängt auf vier Drähten, die die steinernen spanischen Vizekönige verbanden, die Vier Jahreszeiten und die heiligen Jungfern Palermos und überhaupt alles, was da war an den vier Ecken des Zentrums. Um das Gesicht war der Ampel ein nasses Zeitungsblatt geschlagen, wohl von der Tramontana in der Nacht, vielleicht ein Blatt des „Risorgimento“ im Herzen „Palermos der Fröhlichen“. Aber das war nicht so wichtig.

Wir gingen den Cassaro hinauf, wie ihn die Leute noch arabisch nennen, den Corso Vittorio Emanuele. Der Buchdrucker links grüßte uns, weil wir ihm gestern Abend lange zugesehen hatten, den Dom ließen wir liegen, weil wir ihn nicht mehr mochten mit seinen backwerkenen Türmen und weil uns die Bettler ekelten, die Raben, die gierig um die Königsgräber hockten. Dann waren wir vor dem Königspalast mit seinen gewaltigen normannischen Flächen, und wir setzten uns unter die Palmen des Parks, weil wir noch einige kalte Rusticis hatten und weil es ohnedies zu zeitlich gewesen wäre.

Palermo hat etwas Betäubendes. Es ist verwirrend, etwa in „San Giovanni degli Eremiti“ auf der Basis eines ägyptischen Kreuzes eine arabische Moschee zu erkennen, die von den Normannen zur Gruft ausgebaut und von einem italienischen Architekten erst vor kurzem wieder aus dem Stuck ihrer spanischen Kirchenfassade ausgeschält wurde. Es scheint Welten zusammenzubinden, wenn du über den savoyischen Wappen an der normannischen Königskapelle kufische Inschriften entdeckst; wenn ein Bauer seinen Eselskarren vorbeizerrt mit seinem König *Roger* auf die eine, *Verres* auf die andere seiner Schütten gemalt. Es hat etwas Ungereimtes, zwischen all dem ein Getriebe von Menschen zu erleben, deren vitale Kraft, deren Exaltationen aus ganz Europa, Kleinasien und Nordafrika zusammengerafft nun plötzlich außerhalb des Kontinentes, ohne jedes Band frei zu schweben scheinen. Man muss in Palermo dankbar sein für einen solchen vernünftigen Morgen, für einsam fliegende „Risorgimentos“ und einige kalte Rustici.

Auf der Bank gegenüber hatten sich inzwischen einige kleine Schulmädchen eingefunden, mit weißen Maschen und schwarzen Überkleidern, und beratschlagten, welche Art von Ausländern wir wohl sein mögen. Dann schubsten sie eine so lange herum, bis sie sich entschloss, zu uns zu gehen und um die Zeit zu fragen. Wir antworteten auf Deutsch und alle liefen kichernd davon. Es war ein großer Erfolg.

Um neune waren wir beim Sopraintendente, in der Empfangshalle, und er gab uns Zigaretten und die Fotos der Cappella, die er uns versprochen hatte. Die arabische Stalaktitendecke der Cappella Palatina wurde damals restauriert. Wir sagten dem Aufseher, wir hätten eben die Erlaubnis bekommen, auf das Gerüst zu kriechen, und er gab sich redlich Mühe, blinder Hüter fremder Schätze, der er war, uns über die steilen Leitern zu bugsieren. Zuerst ging es einer kalten Cipollinsäule entlang, dann einige Meter an flimmernden Glasmosaiken vorbei, an einem eremitischen bärtigen Adam, an einer Schlange, die sich durch tropische Vegetation schlängelte. Unten hielt ein alter Pater das Leiterende, ich hing etwas über der Mitte und oben im Dunkel des Gerüstes unser geschwätziger Cicerone und das Mädchen. Es scheint in der Wirklichkeit eine Menge echter Gesetzmäßigkeiten zu geben, Dinge, die sich mit mathematischer Folgerichtigkeit ereignen, aber die meisten von ihnen begreifen wir nicht. Das, was wir aus dem ungeheueren Rauschen heraushören, dem Ineinanderbranden der größten Epochen der Menschheit, liegt auf einer Ebene schwindelnder Höhe und das Verständnis ist eine Kette von Eingeständnissen und sein Höhepunkt ist Ratlosigkeit.

Wir hatten uns einmal angeboten, amerikanische Touristen durch den Königspalast zu führen, weil das unsere Reisekasse diktierte, aber am Abend war uns übel gewesen von der dreisten Dummheit, mit der wir den ganzen Tag über den Geist der Epochen und der normannischen Könige erklärt hatten. Damals sahen wir keine Hoffnung mehr für die Menschheit.

Als ich das Plateau des Gerüstes durchkletterte, sah ich die junge Dame und den Cicerone mit zwei langen Restaurateuren, die gebückt standen, um sich an den Stalaktiten nicht zu stoßen, und über ihren Köpfen glitzerten im Scheinwerferlicht in unbegreiflicher Vielfalt die Erker und Zinnen der arabischen Decke. Die Restaurateure waren junge Akademiker vom Istituto Centrale del Restauro aus Roma und sie sprachen mit uns Französisch. 1132 ist die Decke gebaut worden. Um 400 Jahre später, 1557, hatten sie die Spanier restauriert, aber schlecht. Die bröckelnden Flächen hatten sie übermalt und die Risse stehen lassen. Nun sind wieder 400 Jahre herum, und es ist Zeit, die Decke wieder herzunehmen.

„Voije par exemple!“, sagte einer von ihnen zu der jungen Dame, fuhr mit dem Spatel demonstrierend unter ein derb aufgetragenes Ornament und splitterte es ab. Und zum Cicerone gewandt fügte er bei: „Un disastro!“ Sein Kollege füllte die Risse mit Gips und Leim aus und malte sie neutral an. Er war des Französischen nicht so mächtig und bat seinen Freund immer wieder in breitem Römisch um Vokabeln, um seine Sätze zu vervollständigen. Aber das wirkte nicht künstlich. Es war die Atmosphäre der Decke, und auch der Cicerone, der kein Wort verstand, wartete geduldig, versunken in einen Bann, dessen Wurzel er vielleicht ganz dumpf erlebte. Denn schon die Araber haben hier normannische Worte gerufen, als sie einander die Hölzer reichten und die Farben, und dabei hat es zu bleiben. Hier waren Legenden und Begierden vereinigt, wie sie nur in Sätteln über hundert Tage dahergeritten kommen und wie sie nur in den maßlosen Düften und Sternen der goldenen Muschel verschmelzen konnten. Seit damals sehen dich von der Decke der Palermitaner Hofkapelle Buddhas an mit Staatsapfel und Heiligenschein, Greife von den Kronen der Palmen, Minnesänger unter der Last ihres Turbans und ernste St. Georgs von den Rücken ihrer Dromedare.

Nach der Cappella Palatina und nach La Martorana (letztlich die Domstiftung eines Kameltreibers, der unter *Roger I.* fantastische Karriere gemacht hatte), nach Martorana also, noch einmal wegen einiger Bilder für Schweden in die Katakomben der Kapuziner. Eine der wenigen Stellen der Stadt, wo eine der Ungeheuerlichkeiten ihrer Geschichte anschauliche Gestalt bewahrt hat. Hunderte Menschen hängen hier an den Wänden, in andächtigen Stellungen getrocknet, in Kutten, in kostbaren Roben, die Bruchstücke in Säcken. *Clarissa Benaventura* lächelte uns in Augenhöhe an. Die schwarzen Haare fielen ihr über die Schultern. Das Gesicht war braun und dünn wie Karton. An einigen Stellen war es abgebröselt, und dort sah man hinein auf den weißen Schädel und auf ihre großen Zähne. Das Halsband, das sie trug, ruhte nun auf dem Skelett des Brustkorbes, den das Dekolleté freigab, und ihren Hals, dünn und schwarz wie ein Agavenstängel, hatte jemand mit Draht an die Wand gebunden, denn man wollte nicht, dass sie umfiele. Man liebte Gegenständliches als Ziel seiner Gefühle, und wenn man sagte: „Gott, ist Clarissa eine schöne Frau gewesen!", so mussten alle anderen Grund genug haben zu sagen: „Zum Teufel, du hast Recht, Giovanni!" Eine ganze Menge von Gesetzmäßigkeiten, aber die meisten von ihnen begreifen wir nicht.

Als wir wieder zum Quattro Canti pilgerten, wehte noch immer ein kalter Wind durch den Cassaro, der Buchdrucker grüßte uns, einige Karren ächzten unter der toten Verkehrsampel hindurch, und wir sagten uns, dass man in Palermo für solch einen Morgen dankbar sein müsse, für fliegende „Risorgimentos“ und einige kalte Rustici.

Cefalù

Als der Bummelzug endlich in Cefalù ankam, war es längst dunkel geworden, eine laue Frühlingsnacht mit gärender Vegetation und unsicheren Sternen, und wir versuchten unter der Laterne der Verladerampe die Adresse zu entziffern, die uns einer der Mitreisenden auf die Rückseite unserer Landkarte gekritzelt hatte. „Sorelle Cirrincone“, glaubten wir zu lesen. Die blühenden Zitronen hatten den Regen der letzten Tage gierig aufgerafft und zu schwülen Dämpfen sublimiert, die sich schwer und anspruchsvoll über den Boden breiteten. Es war, als sinke man in eine Schale exotischer Essenzen, die Schlaf und Vernunft auf ewig vertreiben.

In der ersten Gasse spielten Jungen Fußball um eine Laterne; voller Hingabe. Regeln und Ehrgeiz lagen jenseits der Welt. Wir saßen auf den Stufen daneben. Es ging nur darum, sich großartig zu bewegen, mit Vollkommenheit, und man knechtete den Körper, um dem göttlichen Ball zu dienen. Und als einer mit gebreiteten Armen wie ein Engel fünfmal den Ball in der Luft hielt, abwechselnd mit dem Knie und der Stirne, so jauchzten die anderen leise, denn es war das Höchste, was einem beschieden sein konnte, und erst als ein Stümper unter ihnen den Ball verlor, kamen sie verwirrt zurück auf die Erde, und einer von ihnen führte uns zu den Schwestern Cirrincone.

Die Schwestern wohnten sauber und ärmlich und waren sehr erstaunt, als sie uns sahen.

„Wir möchten bei euch nächtigen“, sagte ich zu der einen, und dass man uns schon in der Bahn ihre Adresse gegeben hätte. Aber das Weiblein presste die Hände ineinander und sah

Hilfe suchend ihre Schwester an. „Habt ihr denn keinen Platz mehr?“, versuchte ich eine Verständigung.

„Nein!“, presste sie heraus, „wir haben nur *eine* Stanza zu vermieten“, und inzwischen drängte ihre Schwester ein drittes Weiblein durch die Türe hinaus, das wohl die Neugierde aus den Hinterzimmern herangetrieben hatte.

Dann erklärte ich, dass wir gar keine Ansprüche stellen würden. Aber nun pressten beide die Hände ineinander und machten flehentliche Gesichter. Sie hatten eine ledrige, zerknitterte Haut und die eine bekam Tränen in die hellen blauen Augen.

„Bitte, bleiben Sie nicht da, Signoria“, brach sie heraus.

„Ja, was ist denn los?“

„Herrschaften haben nie bei uns übernachtet, nur Kutscher und Bauern“, riefen die beiden. „Bitte, bleiben Sie nicht bei uns!“

So wünschten wir ihnen eine gute Nacht und sagten, dass es uns Leid täte, so ungelegen gekommen zu sein, aber draußen in der finsteren Gasse fragten wir uns, was das für ein verrückter Hexenzauber gewesen sei mit den beiden Alten.

Hinter der Piazza stand dann plötzlich der Dom in tausendjähriger Ruhe und seine Majestät hielt den Platz vor ihm gewaltsam in düsterer Einsamkeit. Lichter und geschäftige Menschen endeten mit den schmalen Gassen, und wer quer über den Platz musste, der ging rasch und still und verschwand geradeaus in einem der Häuser. Seine Macht war früher groß gewesen. Er stand damals ungeheuer vor der Küste und seine gebreiteten Flügel reichten von Palermo bis Messina. Aber sein Reich war klein geworden, es umfasste nur mehr die einsame Piazza mit den sandsteinenen Bischöfen und niederen Palmen. Die Menschen mieden den Alten, weil keiner mehr seine Sprache verstand. Und seine Erbauer hatten sich aufgelöst. Da fand sich wohl noch ein Paar blauer Augen, die viel zu leicht weinten, dort eine traumnahe Hingabe von Kindern, deren Empfinden über der Welt schwebte, weil diese inzwischen unter ihnen geschrumpft war und eingesunken, da die helle Stirne eines Bauern, die runzelig wurde in seiner Enge, im Mief seiner Hütte. Seine Erbauer gab es nicht mehr, sie waren in feine Fasern zerfallen und jede von ihnen war nicht Band genug, um den Koloss zu halten.

Als wir die Treppe zum Dom hinaufstiegen und um das Postament eines der Bischöfe bogen, erschraken wir, denn das Mädchen war einem Schläfer auf die Hand gestiegen, der schreiend aufsprang und sich schimpfend trollte. Gewiss, es war nicht gut, zu schlafen im Niemandsland um den Dom.

Die Pforte stand verschlossen, und niemand hatte rechte Lust zu rufen; und wie wir gehen wollten, kam ein gebückter Mann aus dem Dunkel und fragte, ob wir die prächtigen Mosaike sehen wollten und schon eine Locanda besäßen, denn viele Reisende kämen wegen der Mosaike und manche fänden nicht leicht eine Locanda.

Um den Altar flammten einige Kerzen, der Kustos schwieg, und der Alles-Erschaffer sah aus tausend flimmernden Steinchen auf uns herunter mit einem Ernst, der uns an der Kehle fasste, der uns begreifen ließ, dass die Schwingen der Kathedrale *immer* von Palermo bis Messina reichen und sich nie verringern können, dass sie aber aus einem Stoff gemacht sind, durch den Bauern fluchend den Pflug zerren und die Mulis peitschen können, ohne sie zu erkennen.

An jenem glasigen Februartage des Jahres 1154, als *Roger* starb, war das Heer der Steinmetze ratlos, denn die Zeiten waren unsicher und keiner wusste recht, was geschehen würde, auch die nicht, die aus Palermo kamen, oder aus Enna. Vier der normannischen Steinmetze sagten sich, dass sie den Dreck satt hätten, ohne Geld und ohne Frauen, und dass sie durch Kalabrien heim wollten. Zwei Langobarden nahmen sie mit, die hatten ihnen die letzten drei Jahre die Blöcke hochgewunden drüben am Ostbau, und weil einer von ihnen ein Pferd hatte, wo sie die Säcke mit dem Werkzeug hinaufwarfen. Aber in Kalabrien wurde damals viel gebaut, und Weiber gab es, dass es ein Entzücken war. Keiner von ihnen ist je heimgekommen. Kalabrien ist dadurch reich geworden. Nicht reicher als Sizilien, aber schwereloser, ohne Felsen und ohne das Gesicht in den Händen zu vergraben. Denn als wenige Jahre später das schwarze mandeläugige Mädchen ihren kleinen Jungen am Dom vorbeiführte, ihren blonden plappernden Jungen, hinaus zu den Feldern, hatte sie sinnlos geschluchzt. Und der Kleine war viel zu still herumgesessen oder hatte so herzlos den Esel gedroschen, dass die anderen erschraken.

Die Locanda, hinter vielen Stiegen und Winkeln, bestand aus zwei Räumen. Im ersten wohnten die Besitzer, im zweiten die Gäste. Die Weiber hatten sich gezankt, der kleine Junge kreischte, weil er todmüde war und aufbleiben musste, bis wir heimkamen, und es roch sauer und verdrießlich. Sie waren widerlich zueinander und gemahnten einander zu Ruhe und Ordnung, solange wir unter ihnen an dem klebrigen Tisch saßen und unsere Hausnummern und die Mädchennamen unserer Mütter in ihr Polizeibuch schrieben. Unser Zimmer verschlossen wir mit einem Stuhl, den wir gegen die Türe lehnten, weil sie der Wind aufdrückte; denn die Glastüre gegen den Balkon und die Piazza hatten wir offen gelassen.

Wir saßen im Dunkel auf den Betten, im Niemandsland zwischen dem Dom und der Welt. Der steinerne Ahne stand herrlich und breitete die Schwingen von Palermo bis Messina, und hinter der Tür keiften die Weiber. Dann wurden sie still und raunten. Und ein getretener Hund winselte davon. Die Tür schob sich auf, der Stuhl polterte, und der Bauer trat herein, groß und schmal, wie mit Schwert und Schild, mit hoher, heller Stirne.

Aber er sagte, dass er unser ganz untertäniger Diener sei und sich vermesse, etwas Speise aufzuwarten, und er legte einen Teller mit einem gekochten, welken Carciofi mit etwas Öl in meine Bettgrube und einige frische Nespole, die er in der Tasche hatte.

Den Carciofi stellten wir in eine Ecke, aber die Nespole aßen wir und spuckten die Kerne hinaus auf die Piazza. Aber wir hörten bald auf damit, denn sie hallten ekelhaft unten zwischen den sandsteinenen Bischöfen, und es war uns überhaupt zuwider, zwischen zwei Fronten zu leben, zwischen Fronten ohne Hoffnung, denn Gott war hoffärtig gewesen, und tausend feindliche Jahre standen nun auf beiden Seiten.

Ortygia

Es war ein großartiger Morgen, in den wir hineinfuhren, denn die Landschaft zwischen Augusta und Syrakus hat ein offenes Gesicht. Offen gegen das Meer und die Sonne, mit kurzen Felsen und kräftiger Vegetation.

An diesem strahlenden Morgen waren wir die einzigen Fahrgäste im modernen „Asat"-Autobus und schaukelten ein wenig genusssüchtig in den Springfedern der hintersten Polstersitze. Und als der Bus durch die flimmernden Plantagen flitzte und uns Orangensaft die Finger entlanglief und reichlich auf die Schuhe tropfte, versuchten wir Ordnung zu machen unter unseren Vorurteilen, denn die Welt um Syrakus ist belastet von übermäßigen Taten und überlieferten Sprüchen, von den erhobenen Fingern unserer Pädagogen und dem Philister in uns, den wir jeder mit auf der Reise hatten, der mit seinem Schmarren an Wissen gerade an den Pforten der erhabensten Weltgeister aufdringlich herumschlüsselte. Draußen sprühte das Licht durch Zitronen und Oliven, zerplatzte an den Chromflächen des Wagens und wirbelte hinweg über die Unordnung unseres klebrigen Frühstückes.

Als wir uns halb tot gesehen hatten, gestern im Museum, sah es so aus, als hätte die Welt gar keine nachchristliche Periode. Sie baute sich auf mit Mühe, richtete sich empor wie die Handlung eines guten Dramas, entfaltete sich mit den Griechen zu gewaltigen, übermenschlichen Kräften und Formen und brach bald darauf wieder zusammen. Soweit war alles gut. Es entsprach dem denkbaren Bauplane von Welten und unserem Mitgefühle für großes Geschehen überhaupt, indem wir ihm zumindest ein ordentliches Grab gönnen. Da war es gestern schmerzlich zu sehen, wie eine Gruppe von Dilettanten, die Christen, nach dem dramatischen Ende des Schauspieles nochmals den Vorhang hochwanden und vor denselben Kulissen der griechischen Tragödie einige zusammenhanglose Einakter improvisierten, einen byzantinischen und einen aus der Renaissance. Und selbst diese laute Gesellschaft, die versuchte, ein wenig von den Aufregungen, die es damals in Konstantinopel und in der Toskana gegeben hatte, zu reproduzieren, waren sich ihrer Sache nicht sicher, wussten nicht, ob es recht war, was sie taten, denn sie sahen, was sich vorher ereignet hatte. Arme Teufel, Dilettanten des Lebens, wie du und ich, die bloß die Minuten weiterzudrehen haben, über die ganz woanders entschieden wird, ob sie der gefeierte Held sein dürfen oder die Putzweiber wenige Minuten später oder der Nachtportier unseres großen Theaters, der nur zu warten hat, bis zu dessen nächstem Tage, zur nächsten Epoche unserer Welt.

Siracusa hat nichts von Palermo, von jener uns so verwandten Wichtigkeit des Ausdruckes, nichts von jener langen Hängebrücke des Verständnisses, die sich für jeden Belesenen selbst über Humanismus und Renaissance hinüberzuschwingen vermag in die steifen Handlungen des Mittelalters, von jener Schwere einer „Europäischen Mission“ oder gar von jener beglückenden Synthese, die dort gelungen war. Gar nichts davon. Auch von Cefalùs greifbarer, fasslicher Einsamkeit ist nichts da. Syrakus hat etwas Animalisches. Etwas von einem Stierkampf oder von einer schönen Katze, deren dumpfe Ausdrücke als wahre Riesen von Tagresten tief in die Träume sinken. Selbst die Strahlen, die Lichter zwischen den Blättern und den Buchten, die diese Landschaft aufbauen, sind aus der Zeit des großen Dramas, Syrakus ist vorchristlich, aber es stand gar nicht fest, was das bedeutet.

Wir kamen endlich überein, den Zollstock, mit dem wir die Geschichte der christlichen Kunst, die Entwicklung abendländischen Denkens, die letzten Tage rauf und runter gemessen hatten (mit hundert falschen Ansätzen), den wir noch für die Sarazenen verwenden konnten, weil sie sich konfrontieren ließen, wegzulegen. Diese neu geschaffene Ebene baute auf ganzer Verständnislosigkeit, jenem klaren Wasser, aber sie wirkte beglückend, denn gewiss kam sie der Wahrheit viel näher.

Nun erst war es erlaubt, dass Polyphemos sechs der Reisenden schmatzend verzehrte, einige Inseln ins Meer warf und die Hand auf die Stirn hielt, weil doch das Auge auslief; dass Odysseus' hungrige Helden vorerst Helios Rinder wegfraßen und sich dann hinlegten und heulten, bis sie einschliefen – der verlorenen Genossen wegen. Man erzählte gern diese Geschichten im antiken Syrakus. Was machte es schon viel, dass die Karthager – diese Hunde – fünfhundert Kinder schlachteten, um ihre Götter zu versöhnen, dass man Gefangene bevorzugt röstete, auf Eisenblechen. Man hörte oft davon. Den größten Heerführer und Gründer pfiff man aber aus, der Kerl wollte Verse vorlesen. Und als eines seiner Gedichte endlich in Athen einen Preis machte, traf ihn der Schlag, weil er sich – das erste Mal in seinem Leben – aus Freude darüber betrank. Damals war Syrakus der Nabel der Welt, und auf einmal war alles aus. Rom war hereingebrochen, einer der Kujoten erschlug noch *Archimedes* – im Vorbeigehen –, und die Landser schleppten an Kunstschätzen davon, was die haarigen Beine zu tragen vermochten. Und was noch Kraft hatte, sich gegen diese neue Welt amusischer Ordnungsmacher zu behaupten, verödete im Handumdrehen in der Dürre des römischen Provinzialismus. Schon nach dem Bürgerkrieg gegen *Pompejus* gab es kein Syrakus mehr, und *Octavian* besiedelte den leeren Raum mit allerhand Gesindel, Maklern, Wächtern und bezahltem Kriegsvolk. Aber wen interessiert das schon? Höchstens die paar Christen der ersten Jahrhunderte, weil es ein Sauleben war, etwas geschehen musste und doch die ganze Geschichte geoffenbart worden war. Man musste dafür dankbar sein. Deshalb entstand in Syrakus die erste christliche Kolonie, das Krankheitssymptom einer erfolglosen Periode ohne Hymnen und Glorie.

San Giovanni degli Eremiti in Palermo hat seine Kraft behalten, ja die Moschee war gewachsen, denn das Christentum der Normannen war stärker gewesen. Niemand hat ihn vergessen. Cefalùs Dom ist wohl vereinsamt, weil die Verwandten rundum wegstarben, aber er blieb bockig ein geachteter Patriarch. Ganz anders Syrakus' Dom. Gewiss sind seine Fundamente die ältesten, und seine Mauerstützen – die Säulenreihen des dorischen Tempels am höchsten Punkte Ortygias –, aber du fühlst, dass die dazwischen geklebten Ziegel die schwächeren sind. Das Erdbeben 1693 hat sie wieder herausgeworfen und die Fassade, die

die Baumeister wieder zwischen die Triglyphen klemmten, wirkt nur wie ein Konservierungsmittel rund um eine bedeutungsvolle Sache. Die Götter hatten sich gewandelt.

Damals fuhren wir also durch die Sonne einer griechischen Landschaft, wie mancher von uns schon durch die Wälder des deutschen Mittelalters reiste, aber wir entdeckten, dass „vorchristlich" zwischen Syrakus und Augusta einen Ordnungsbegriff bedeutete, so wie „vorsintflutlich" oder „unmenschlich", mit ungeheueren Inhalten, jenseits des Dinges, das wir zum Worte verwenden. Damals im leeren „Asat"-Autobus hatten wir das großartige Gefühl, uns von schwersten Lasten befreien und splitternd in die Hindernisse des Denkens schlagen zu können. Wir meinten etwa, dass wir uns nur mit den Enden verschiedener Maßstäbe genarrt und vertrödelt hätten, jenen abgegriffenen Dingen unserer künstlichen Wirklichkeit, wo „Eins" steht und „Null" und wo der Fabrikant noch seinen Namen dazukratzt und den Ort, wo er wohnt. Und die Orangenkerne warfen wir damals senkrecht hinauf durch das offene Dach des Busses ins Blaue, wo die fliegende Luft die gelben Kleckse rasch wieder wegwischte; jedenfalls ein großartiger Morgen.

Pantalica

Die letzten Kilometer vor Pantalica lagen eingeschmolzen in flimmerndes Glas. Das monotone Schrillen der Zikaden schien von außen hereinzudringen, giftig mit den Sonnenstrahlen, und auch das Klirren der Rollsteine, über die wir dahinschritten, klang nicht wie von dieser Welt. Wären wir einem Kamelreiter begegnet oder einem pilgernden Skelett, es hätte uns nicht überrascht. Wir würden sie gegrüßt haben, denn man grüßt jeden in der Einsamkeit. Aber niemand hätte nach dem Weg gefragt, „wo?" und „wie lange!?" hätte keiner verstanden, denn Raum und Zeit blieben unten in der Wirklichkeit der Dörfer.

Diese letzten Kilometer, die uns in die Tiefe der sizilianischen Frühgeschichte führen sollten, diese letzten Kilometer in den

Geröllschluchten des Inneren, zwischen einigen Kakteen und Disteln, bei der einen alten Olive, die wie eine versteinerte Hexe mit wahnsinnigen Armen aus ihrer Feldnische herauskreischte – dem einzigen Schatten der letzten Stunde –, dieser Flecken Welt trug dasselbe Gesicht wie jene Punkte alter Landkarten, wo mit der Hand dazugeschrieben wurde: „Stanley's südlichster Punkt" oder „Scott's letztes Lager".

Einmal noch stiegen wir herunter zur Welt. Es war das, als wir eine Schlucht überqueren mussten, die vor dem Canon des Anapo lag und die unsere Karte nicht verzeichnete. Dicke Treibhausluft lag in ihr mit Harzen und Ölen, und ihre Hänge waren so dicht mit Oliven besponnen, mit Zitronen und Wein, mit Feigen und Efeu, dass man nicht bis zu ihrem Grunde sah. Aber man hörte, dass unten ein Bächlein zog. Als wir an der schmalen Steinbrücke dieses Wundergartens einige der überreifen Früchte sammelten, bemerkten wir, dass Adern in den Fels gemeißelt waren, Rinnen und Tunnels, groß genug, um eine Katze durchzulassen. In ihnen zog lautlos kühles silbriges Wasser. Seit tausend Jahren zog es hier, ewiges Blut der Welt, dem die Sarazenen, die gläubigen Gärtner aus dem Morgenlande, den Weg gewiesen hatten. Aber das war das letzte Mal, denn alles Schwächere, das von der Welt stammte, war hier vergangen.

Auf dem letzten Plateau vor dem Anapo begegneten uns die ersten Felsgräber, finstere, halb mannshohe Grüfte in den blauen Kalkwänden, und gelber und roter Sinter war ihnen in den letzten Jahrtausenden aus den längst wieder aufgebrochenen Mäulern geflossen. Im Zentrum der Urgeschichte der Insel stehen die Sikeler. Nicht dank ihrer besonderen Leistungen – manche Nachbarvölker waren ihnen weit voraus –, sondern dank der trivialen Tatsache, wie das die Wissenschaft verlangt, dank ihrer Eigenart, die Toten an den auffallendsten Stellen der Felswände in gemeißelten Felsnischen mit Beigaben zu bestatten. Wir wären ansonsten, wie die fantastische Unkenntnis der süditalienischen Frühgeschichte beweist, nie auf ihre recht vergänglichen Reste aufmerksam geworden.

Sie dürften – nach *Paolo Orsi* – etwa 3000 vor der Zeitrechnung nach Sizilien gekommen sein, am ehesten aus Libyen, und waren den schon ansässigen Präsikulern (das ist nur ein Wort, wir wissen gar nichts über sie) in dreierlei Hinsicht überlegen. Sie verwendeten Metall, sie bildeten schon größere soziale Gruppen und – was ihnen einen für Sizilien ungemein langen Bestand sicherte – sie hatten gelernt, mit anderen Völkern zu verkehren. Ihre Geschichte wirkt fälschlich wie aus einem Guss, weil es Mühe macht, angesichts der großen Räume und unserer ungenügenden Kenntnisse, ihre hoch sensible Plastizität unter der Übermacht von Formen und Geschehen im Mediterraneum ihrer Zeitgenossen zu erkennen.

Mit dem Maßstabe der Frühgeschichte der Menschenwelt gemessen, hatte sich Unglaubliches ereignet. In der Schwere einer Zeit, in welcher unsere Vorfahren Jahrtausende brauchten, um in den Aufregungen ihres Daseins endlich zu begreifen, dass man das Steinbeil verbessern könnte, indem man seine Schneide nicht schlagend, sondern reibend schärfte, in dieser Schwere, in der zähflüssigen Geisteskraft dieser Zeit, präsentiert sich Sizilien plötzlich als ein zarter Spiegel, der die Ereignisse des ganzen Mittelmeerraumes wiedergibt. Und die vier Perioden, die man in der Geschichte der Sikuler zu unterscheiden vermag, sind in Wahrheit nur Reflexe der ungeheuren Ereignisse, die sich im mediterranen Raume in einer Ebene abspielten, in welcher Sizilien selbst gar nicht zählte. Die erste Ornamentik, die wir von ihnen kennen, dürfte aus Troja stammen, vorhomerische Zyprioten werden sie verbreitet haben. Die zweite Periode spiegelt die Ereignisse im Aegaeum, Mykenae. Der Einfluss der geschäftstüchtigen Phönizier auf die zurückgebliebene Gesellschaft muss enorm gewesen sein, denn die sikulischen Niederlassungen an der Küste beginnen sich von jenen des Landesinneren zu unterscheiden. Damals war Pantalica die größte Kultstätte der Insel. Die dritte Periode kommt mit den Griechen, mit Eisen, Burgen und Gefechten. Aus der letzten Periode wissen wir, dass *Dukletios* seine Sikuler, längst schon Fronbauern geworden, in eine

Schlacht gegen die Unterdrücker führte. Er wurde von der geballten Streitmacht Syrakus und Akragar vernichtend geschlagen, und als 30 Jahre später die düsteren Flotten Karthagos vor der Küste lagen und Schlachtenlärm über die Felder zog, dachte niemand mehr an die Sikuler. Aber den Eroberern hatten sie so viel Blut gegeben, dass diese sich noch herrlicher entfalteten.

Es war also für uns die einfachste Sache von der Welt, das „sizilianische Schicksal" in seiner urgeschichtlichen Form wieder zu entdecken, damals, in den letzten Kilometern vor Pantalica.

Dann öffnete sich wieder eine Schlucht, ein System senkrechter Abbrüche, breiter und unübersichtlicher. Der Zusammenfluss von Anapo und Calcinara. Pantalica! und ganz langsam, wie betäubt unter der Sonne, löste sich aus dem Flackern der Felswände die Nekropole, ein gigantisches, unfertiges Mosaik aus Aberhunderten gemeißelten Grüften; Macchia im verdorrten Flussbett, Distelhecken an den Felsnischen, schmale Stiegen – wie geknickte Leitern – neben klotzigen, finsteren Grotten im blendenden Kalk der Abbrüche. Wer versteht diese ungeheure Sprache? Die ganze Wahrheit! Welcher Unsinn hätte Stirne, sich angesichts solcher Zeugen zu behaupten? Wir wissen über Pantalica gerade so viel, dass die Fantasie genügend Anregung, aber kaum die nötige Hemmung erfährt. Sehen wir ihr nur ruhig zu, was sie macht, lächeln wir und sagen wir auch: „Gut gemacht, Hofnarr! Sehr klug, jetzt geh!", aber befassen wir uns dann wieder mit vernünftigen Dingen.

In einer der Grüfte entgingen wir der mörderischen Hitze und aßen unsere heißen Orangen, und während das Mädchen sich hinlegte, um ein wenig zu schlafen, fand ich im kühlen Flugsand des Höhlenbodens zwischen Hunderten von leeren Schneckengehäusen einige Rippen, ein Schädeldach und einige Mittelhandknochen. Aber das Mädchen schluchzte im Traum so schrecklich, dass ich es nicht ertragen konnte, und nachdem ich sie aufgeweckt hatte, saßen wir recht lange und still, und die Welt war wieder da und die Zeit, und die Sikuler waren so weit weg, wie sich's für 4000 Jahre geziemt. Damals war Gott noch eine dunkle Erscheinung.

Am Abend brachte uns ein Junge ein Heftchen in die Locanda, das er in der Nekropole gefunden hatte, die älteste, praktisch unbekannte wissenschaftliche Schrift über Pantalica, lateinisch, gedruckt in Siracusa anno 1793.

Als unsere muffige Wirtin mit den Töpfen klirrte und die Lieder des Bänkelsängers durch das Fliegengitter drangen, bekamen wir daraus zu lesen, dass Gott mit Pantalica den Menschen wieder einen Fingerzeig geben wollte, dass er umso herrlicher erkannt, umso gläubiger geliebt werde. Und als wir die langen Maccaroni um die Blechgabeln drehten und uns verstohlen den Saft des ungebärdigen Gerichtes vom Kinn wischten, waren wir recht verwirrt und fragten uns, was das heute für eine merkwürdige Bewandtnis gehabt hätte mit den Dingen und überhaupt mit der Geschichte Siziliens.

*

Du kannst der Ansicht sein, dass man die Menschen nur aus ihrer Geschichte verstehen kann, aus der erdrückenden Mehrheit des Geschehens, mit welcher unsere Vergangenheit wie mit Bergriesen über die engen Täler unserer Gegenwart reicht. Aber man kann es auch nicht glauben:

Denn manchmal wirst du ganz sicher nur aus der Gegenwart verstehen können, plötzlich und vereinfacht, aus der Unmittelbarkeit deines trivialen Gegenübers, mit den Pocken an der Nase, dem Geruch nach Parfum und Schweiß, ihren dünnen Schnürriemen und den weltweiten Sorgen dieser winzigen Oase intimsten Lebens, in die du immer wieder einfacher und tiefer und immer wieder neu und fantastisch einzusinken vermagst, als ob es eine Ewigkeit gäbe.

Bewusstsein und Metaphysik

In der Meeresökologie, mit der ich die nächsten zwei Jahrzehnte verbrachte, blieb mir Metaphysik ein dunkler, unbestimmter Hintergrund. Die Frage nämlich, ob man jenseits dessen, das sich der Erfahrung öffnet, noch etwas annehmen müsse. Die katholische Tradition meiner Mutter nahm ich für eine liebenswerte Anbindung an unsere Kultur, und in den Nachschatten der Wiener Philosophenschule der Positivisten, meines Lehrers *Viktor Kraft*, die Metaphysik in den Wissenschaften verboten, fühlte ich mich nur unwohl.

Erst in den 70er-Jahren, ich war wieder Professor in Wien, wurde erkannt, dass schon Neandertaler ihre Toten mit Mengen an Blumenbeigaben verscharrten. Die Pollenanalyse brachte das zu Tag. Schmuck? Heilkräuter? Was immer. Es war das Bewusstsein zu jener Helle gelangt, die den Menschen ausmacht. Er kann Gedächtnisinhalte absichtsvoll abrufen, daher hinter alles Erfahrbare nochmals weiterfragen. In der Unerklärbarkeit seines Schicksals und des Sinns des Lebens bot sich die Hoffnung, mit ihm wenigstens verhandeln zu können; sich über Opfer und Gebet rückzubinden: das „religare", was wir „Religio" nennen. Das ließ Kultur entstehen und hat uns Metaphysik eingebracht.

Aber auch die Paradigmen, die Ausgangs-Annahmen der Wissenschaften, ruhen, wie sich zeigte, auf Annahmen, die jenseits des Erfahrbaren liegen. Schon in der Physik ist anzunehmen, dass Raum und Zeit erst mit dem Urknall entstanden, und in den Geisteswissenschaften, dass dem Menschen Zwecke vorgegeben wären. Freilich können sie sich aus sich selbst begründen; das tun sie auch. Nur das Fundament bleibt unsicher. Die Frage ins Unerforschte, selbst ins Unerforschliche, bleibt ihr notwendiger Antrieb und ebenso ein schlechter Führer.

Und es bleibt die Frage offen, ob es zur Begründung unseres Ethos der Annahme einer metaphysischen Ordnung bedarf. Genügt es, mit der Taufe sein Päckchen Ethos zu übernehmen, um es mit der letzten Ölung wieder abzugeben? Oder haben die ungeheuren Mühen der Generationen von über zwei Jahrmillionen, um vom Affen zu einer gewissen Humanität zu gelangen, das größere Gewicht? Kann ein diesseitiges Ethos gelingen? Das wissen wir nicht.

*

Wo also sind wir da wieder hingeraten? Ich glaube in eine Leistung oder Fähigkeit, die mehr als alles andere erst den Menschen gemacht hat; und es mag nützen, hier noch einiges zum Hintergrund auszumalen, zumal uns das Bewusstsein in seiner hellen Form allzu selbstverständlich umgibt: Es ist jene absichtsvolle Abrufbarkeit von Inhalten des Gedächtnisses.

Wir haben gute Gründe zur Annahme, dass auch höhere Säugetiere diese Fähigkeit nicht besitzen. Subjektives Erleben muss man ihnen zudenken, sagt *Konrad Lorenz*, denn wenn man Freude oder Angst einem Hund nicht ansehen würde, verstünde man ihn nicht. Mit der Abrufbarkeit ist das anders.

Sitzt ein Hund oder eine Katze dicht vor einem kurzen Zaun, hinter dem sich Futter zeigt, wird nicht versucht, den Zaun zu umgehen. Erst wenn, nach langem, frustriertem Herumlaufen, dessen Grenzen sichtbar werden, wird er umgangen; obwohl diese Grenzen schon beim ersten Näherkommen gesehen worden sein müssen. Tieren wird das, was wir Erinnern nennen, durch Wiedererkennen deutlich gemacht.

Das ist auch uns Menschen bekannt. Wir verlassen beispielsweise unseren Schreibtisch absichtsvoll, um im Nebenzimmer zu bemerken, dass der Inhalt der Absicht nicht abrufbar ist. Sofort kehren wir um, weil wir erwarten, dass der Schreibtisch zeigen wird, was wir wollten. Und es „zeigt" sich: „Ah! Papier wollte ich holen." Ähnlich unsere Erfahrung mit einer nur oberflächlich bekannten Stadt. Ich könnte beispielsweise nicht verlässlich angeben, wie man in München vom Hauptbahnhof zur Alten Pinakothek gelangt. Komme ich aber in München an, kann ich mich darauf verlassen, dass die Landmarken wieder erkannt und mich, wie immer, gut leiten werden.

Die neue Leistung des „Sich-Erinnerns" besteht zunächst darin, dass wir in der Regel keine Schwierigkeit haben, uns des Aufbruchs zum letzten Urlaub zu erinnern. Wir rufen uns auch das Bild unseres Hauses von allen Seiten ab, obwohl wir uns gerade in ihm befinden.

Das mag sich noch nicht als bedeutend anhören, führt aber zu der enormen Möglichkeit, Erfahrungen gegeneinander vergleichen und aus ihnen neue synthetische Einsichten gewinnen zu können, die wieder mit den Einzelerfahrungen verglichen werden können. Das lässt absichtsvolle Planung zu, die Verfolgung von Zielen. Und das erlaubt das Konstruieren und Grübeln, letztlich hinter jede beantwortbare Frage stets noch eine ins noch nicht Beantwortbare oder ins Unbeantwortbare zu stellen. Die beiden sind ja zunächst nicht zu unterscheiden.

Was sich dann als beantwortbar erweist, zählen wir bekanntlich zu den Errungenschaften der Wissenschaften; die Fragen, die sich als unbeantwortbar erweisen, führen in die Metaphysik. In Sackgassen? Wer sollte das wissen?

Für uns ist das Meer das Leben

Solange Lampedusa noch Verbrecherkolonie war, reisten dorthin nur Verbrecher oder Soldaten. Heute nur mehr Soldaten. Alles Leute, die ihre Reisen meist ordentlich vorbereitet finden, die tun, was man ihnen sagt.

Lampedusa ist die südlichste der kleinen Inseln zwischen Sizilien und Nordafrika und der Weg zu ihr führt gewiss nur über Sizilien. Man sagt, Lampedusa lebe vom Fischfang, und wenn man das bedenkt, so muss es Pescatori geben, die die Fische dort wegholen, aber kein Mensch weiß, welche, und niemand weiß, woher. Zumindest wusste das niemand in Palermo, wo ich damals hingeschickt war, um danach zu fragen.

Wir sollten damals zu viert nach Lampedusa, um Meeresströmungen zu messen und so, und es war gut, sich zu erkundigen. In Palermo gibt es keine Boote nach Lampedusa, und niemand wusste was Rechtes, aber alle am Hafen meinten, es wäre gut, vorerst mal rüber nach Trapani zu fahren.

Littorina

„Würden Sie bitte gestatten, dass …“, das Übrige ging im Tuten des Triebwagens unter. Es war der einzige freie Platz im Gedränge.

„Gestatten Sie, dass ich hier Platz nehme?“

„Come?“

„Ob ich mich da hersetzen kann?“

„Was wollen Sie da?“

„Sitzen!“, rief ich entrüstet.

„Come no?“ („Warum nicht?“), sagte die junge Dame und wandte sich zum Fenster. Bald darauf beobachtete sie meine erfolglosen Bemühungen, die Teile meiner Habe auf den Knien am Gleiten zu hindern, und blickte dann auf die Decke. In unseren Breiten hätte man sie für 25 gehalten. Wahrscheinlich war sie 16.

Dann stockte die Unterhaltung.

Die Littorina raste in den Abend hinein. Sie ist braun lackiert und in breiten Flächen verchromt; auch innen; ganz unsizilianisch, und sie jault auf ihren Schienen. Die Strecken der Littorina sind wie neue Adern in den alten Organismus gebohrt, sie gleiten über ausgesuchte Gegenden, schneiden Häuser quer durch und transportieren Menschen der ersten und der zweiten Klasse ungebührlich rasch und sauber. Ich sah dann auch hinaus. Draußen drehte sich die Landschaft vorbei, unaufhörlich, wie die Etikette einer Schallplatte, und von den Kindern, die bei manchem Bahnübergang winkten und hüpften, erfasste man im Vorbeischnellen nur ein Momentbild, groteske Verrenkungen aus jenem Ablaufe, den wir als Freude erkennen. Es wirkte wie die Freude über die erste Raketenbahn des Landes, nicht wie über einen bloßen Diesel-Triebwagen. Freude über den Kometen der nahen Zivilisation, der noch nicht ganz heimisch geworden war.

Als der Schaffner alle anderen schon längst revidiert hatte, kramte ich noch lange nach meiner Fahrkarte, und Misstrauen wuchs in den Augen meiner Gefährten. Dann fand ich sie: aber in sehr unansehnlichem Zustande. Der Schaffner prüfte sie umständlich, und die Gefährten beobachteten mein Verhalten unverhohlen und argwöhnisch.

„Wo sind Sie zugestiegen?"

„In Villa-Grazia?"

„Können die Herrschaften das bestätigen?" Frechheit, so etwas! Die Antwort durfte nicht abgewartet werden.

„Ich wünsche auch in der Littorina ordentlich behandelt zu werden!", rief ich feindlich und machte böse Augen. „Ich verlange eine Übersiedlung in die Erste!"

„Dort ist leider kein Platz mehr."

„Diese Rückständigkeit ist unerträglich, und ich werde Eingabe machen, wenn Sie mich weiter belästigen!" Der Schaffner dürfte etwas von Pflicht gesagt haben oder von Schwierigkeiten (ich verstand nicht, denn der Triebwagen hatte wieder getutet), er machte eine große Geste und schwankte weiter nach vorne.

Renitenz und Überheblichkeit trägt in der sizilianischen Littorina immer Ehre ein.

„Kein Land ist so rückständig wie Sizilien", versuchte der Herr mir gegenüber einzulenken, und dass das die Schuld des Governos sei, dass Sizilien eine Blume wäre, wenn man im Governo Grütze hätte.

„Man müsste es bewässern", sagte der Verwalter in der Ecke, der seinen Vorredner zu wörtlich genommen hatte, „bewässern mit Subventionen des Staates."

„Bah!", fuhr der Erste auf, „damit ist alles zugrunde gegangen." Er spreizte seine dicken Finger in den Raum hinein. „Wollen Sie da die Felsen bewässern, oder da das Geröll unten? Schiffe sind unser Leben, mein Herr! Schiffe!" Sicher war er Reeder. Ich versuchte einen Einwand. Ich meinte unter anderem, dass Schifffahrtslinien erst dann einen Sinn hätten, wenn das Land dahinter sie brauchte. Mein Gegenüber gab sich künstlich belustigt.

„Sizilien ist eine Insel, eine kleinere als die Ihre (er hielt mich offenbar für einen Engländer), eine Insel ohne Industrie. Eine Insel im Herzen des Mittelmeeres, seit Milliarden Jahren im Herzen der Alten Welt (und er überschätzte das Alter seiner eigenen Gestade), und der Staat will daraus einen Acker machen! Sie werden so lange daraus einen Acker machen, bis alle verhungert sind, auch die letzten Industriellen verhungert sind, und die Bauern ausgewandert nach Mailand und Amerika, wo es nicht nur Äcker gibt. Wahnsinn, so etwas!" Er war ganz rot geworden und schnäuzte sich einige Male. Die anderen schwiegen. Ich selbst hatte die Hände nicht frei und meine liebe Not in den Kurven vor Segesta, der Dame nicht zu arg an den Leib zu rücken.

„Sie sind nicht einverstanden, mein Fräulein?", provozierte der Sprecher wieder sein Gespräch. Etwas, das in der unsizilianischen Littorina sonst nie geschieht, schon gar nicht vor einem Ausländer. Aber weil gerade eine junge Dame da war und man eben so glänzende Dinge kompiliert hatte …

„Ich wäre froh", sagte sie hastig, „wenn Sizilien nie eine Insel gewesen wäre. Mein Vater hat sein Schiff verloren, letzten Herbst vor Levanzo …“ Auch der Herr mir gegenüber sagte wieder etwas wie: materielle Verluste ließen sich ersetzen, aber die Littorina hatte wieder getutet und ich konnte beide nicht recht verstehen.

„… und damals“, wiederholte sie mechanisch, „damals ist er verrückt geworden. Er weint immer und zerschlägt unser Geschirr und sagt, die Erde wäre Sizilien, die Mutter Erde, der Segen und die Vergeltung, und dann lacht er immer.“

Da stockte wieder die Unterhaltung.

Aber die Littorina sauste mit Geprassel in den langen, krummen Tunnel, hinüber nach Ummaria, und ich hatte Not, ihr nicht zu arg an den Leib zu rutschen. Wahrscheinlich war Sizilien Segen und Vergeltung.

Trapani

Trapani – der Ortskundige spricht „Tschrahpani“ – breitet sich mit sehr südlichen, knallweißen Häusern über eine Landzunge, die geradewegs nach Westen ins Meer, in die untergehende Sonne zeigt. Es war windig geworden, in Trapani ist es immer windig, und ich ging den Corso Vittorio Emanuele hinaus. Er war schon recht belebt und trug lange Schatten. Auf einer der Kreuzungen stand ein Polizist auf einer kleinen, schwarz-weiß lackierten Trommel, umflutet vom Gewoge der Menschen. Ganz unnütz, da es keine Fahrzeuge gab und die Fußgänger die ganze Straße füllten, aber herausgehoben durch sein Postament und ungewöhnlich durch seinen Tropenhelm. Ich fragte ihn in meiner Angelegenheit. Er legte mir die Hand auf die Schulter und sagte, dass man täglich nach Lampedusa fahre, denn Trapani sei ein Hafen von Welt und Lampedusa für die italienische Schifffahrt eine ganz einfache Sache. Ich bräuchte da erst gar nicht zur Capitaneria, denn jedes Kind im Hafen wisse, wann die Schiffe nach Lampedusa gingen. Das deklamierte er und sah immer über mich hinweg auf die Menschenmenge, die sich nun noch mehr angesammelt hatte. Alle lächelten, das mit Lampedusa ist doch eine ganz einfache Sache.

Am Hafen war noch der Markt, und alle hatten viel zu tun und zu reden. Nur einer saß vor einer Spelunke, vor dem Perlvorhang auf der Stufe und tat nichts. Er hatte einen Korb bei sich, einen Blechteller auf den Knien und viel Dreck um sich herum. Ich setzte mich zu ihm.

„Wann geht denn eine Peschereccia nach Lampedusa?“ Er verkaufte mir einen lauen Kraken aus dem Korb und ich aß ihn von dem Blechteller, den er dazu mitgebracht hatte. Pfeffer hatte er in einer Tüte aus Zeitungspapier im Sack.

„Mein Gott, wer soll das wissen“, meinte er und wischte sich mit dem Ärmel unter der Nase, weil der Pfeffer aus der Tasche dampfte. „Pasqualino!“, rief er, aber es erschien ein Mädchen zwischen den Glasperlen, bloßfüßig und in einem schwarzen Kattunkleid. Der Unterhaltung zwischen den beiden konnte ich nicht ganz folgen, aber es ging um meine Sache und um verschiedene Leute, die ich nicht kannte.

„Was wollen Sie in Lampedusa?“, fragte sie und richtete sich einen Träger unterm Kattunkleid.

„Nur mal so rüber mit Freunden.“

„Sind Sie Journalist?“

„Ja“, sagte ich.

„Der ist Journalist“, sagte sie zu ihrem Vater und noch einiges in Dialekt. Er schob seinen Korb mit dem Teller hinter den Vorhang, stand auf und bat mich, mitzukommen.

„Sie sagt: Dieses Jahr ist niemand drüben gewesen“, erklärte er mir unterwegs. „Die Tonnera war gut und die von Sciacca haben es viel näher.“ Das sei so eine Sache mit Lampedusa. Auch von Siracusa kämen neuerdings Fischkutter hinüber. Das sei eine viel begünstigtere Stadt, und es gäbe dort viele große Boote.

Wir kamen durch einige kurze Gassen, die nur am Rand gepflastert waren mit flachen runden Steinen, mit fußbreitem Gehsteig (wahrscheinlich symbolisch gemeint) und mit Häusern, die außer einer winzigen Eingangstüre gewöhnlich nur noch im ersten Stock einen kleinen Balkon hatten. Aus einer Marmorplatte bestehend, die über zwei Träger gelegt war, und einem eingegipsten Geländer. In eines davon ging er hinein. Ich ließ die Tür hinter mir offen, um mich auf der finsteren Treppe nicht zu erschlagen. Einen Gang rechts, dann einen halb links, dann wurde es wieder heller, und wir kamen über eine Metalltreppe mit nasser Wäsche in eine Bude. Da war wieder das Mädchen im schwarzen Kattunkleid und einige Männer, die sich auf Stühlen und Pritschen herumdrehten. Einen holte er herbei und sagte ihm, dass ich ein Ausländer sei und nach Lampedusa wolle.

„Wir machen nicht mehr nach Lampedusa. In Sciacca werden wohl noch einige sein und Port' Empedocle."

„Fährt sonst niemand vorbei hier, rüber nach Lampedusa?"

„Ja, manchmal mit Kühlschiffen aus Napoli oder aus Algier."

„Mit denen kann man nicht mit?"

„Nein, das sind keine Fischer. Die Boote gehören immer einer Gesellschaft. Die Bosse haben nichts übrig für umsonst und so und die Leute wollen sich's nicht verderben. Man weiß auch nie, wann sie kommen. Der Letzte war vor drei Monaten da. Meist ist ihnen das Wetter zu schlecht." Dann bewunderten sie meine Haare und wollten wissen, ob die Freunde, die ich mitnehmen wollte, auch so blond wären; und überhaupt die Mädchen in Österreich.

Hinaus gingen wir den direkten Weg durch die Locanda (die Familie unterhielt eine Locanda, eine Schlafstelle, eine Art Hotel für alle, die nicht genug Geld hatten), denn wir waren ja vertraut geworden. Dieser Weg war kürzer und unwegsamer.

Um ganz sicher zu sein, ging ich noch auf die Capitaneria, angeführt durch eine Schar von Jungen und Hunden, und draußen an der Mole, an der Stirne eines mächtigen Lagerhauses, empfing mich eine mehrere Meter hohe Schrift: „SE PER GLI ALTRI IL MARE E UNA STRADA, PER NOI ITALIANI E LA VITA" (Wenn für die anderen das Meer eine Straße ist, für uns Italiener ist es das Leben.), gezeichnet *Mussolini.* Diesen Spruch fand ich bemerkenswert, denn erstens ist er in vieler Hinsicht die Wahrheit, zweitens war er für mich geradezu symbolisch, und drittens ist er in den Überschwemmungen politischer Tricks steinern als ein geläuterter Veteran hervorgegangen; zu einer Zeit, als Mussolinis Parolen längst wieder übertüncht waren. Er bewies, dass weder die Widerstands- und Besatzungstruppen noch das heutige Governo sich entschließen konnten, an diesen Ausruf mit deckender Farbe heranzurücken. Gewiss hat das nichts mit Pietät zu tun, aber dass nicht einmal der Autor einer Retusche unterzogen wurde, will doch verzeichnet sein. Es hebt ihn sehr hervor. Es zeigt, dass sich niemand getraut, offen an seiner Wahrheit zu zweifeln. Unser aller Wahrheit?

Shakkah

Es war ein nasser Morgen, als ich in den letzten Waggon des Bummelzuges kroch, hart gelegen und klebrig von der Locanda, wo ich geschlafen hatte. Es war gut eine Stunde zu früh, aber in der Locanda hatte es Streit gegeben. Immer gibt es dort Streit, und draußen war es mir zu ungemütlich. Die nassen Palmwedel klatschten aneinander im Wind, wie große schwarze Lappen.

Ich erwachte, als wir gerade in Castelvetrano verschoben. Es war heller geworden, der Zug besetzt und die Luft voll saurer Essenzen, weil die Mäntel und die Kotzen meiner Mitreisenden langsam trockneten und die Rauchschwaden inzwischen wieder kalt geworden waren. Als sich der Zug bei Selinunt in die Kurve legte, beobachteten sie, ob ich mich wohl rühren würde und hinausglotzen auf die Ruinen, wie alle Amerikaner. Aber ich hätte mich aufsetzen müssen. *So* war nichts zu sehen.

Nach Sciacca kam ich erst nach Mitternacht, weil ich in Menfi ausgestiegen war, um zu sehen, ob nicht doch etwas von den griechischen Steinbrüchen zu entdecken wäre, die die Blöcke für die Tempel in Selinunt geliefert haben sollen. Als ich aber dann auf dem finsteren Bahnsteig stand, das Stopplicht des letzten Wagens im Tunnel des Monte San Calogero verschwand und der Vorstand die Tür seiner Bude zuzog, war ich mir nicht mehr sicher, ob die Felsnischen und Kanten, die ich gesehen hatte, wirklich von den Griechen stammen mochten.

Sciacca, Shakkah, wie es bei den Arabern hieß, ist den Berg hinaufgebaut und man schreitet über eine finstere, endlose Freitreppe, deren feudale Prunksucht merkwürdig ungereimt ist, zu ihrer einsamen, gerümpeligen Umgebung. Hinter einer Rampe schwerer Baluster und schwächlicher Bäumchen erscheint der Hauptplatz. Menschenleer, mit gewaltigen Pflastern, zwei schlafmützigen Laternen – um die Falter surren – und einer geschlossenen Häuserfront im Hintergrund. In einer Bar war noch Licht.

Blendende Leuchtstoffröhren strahlten ihr bläuliches Licht über deren Inhalt, einige kleine runde Tische in grünem Lack, Hocker, auch grün, Film- und Totoplakate an der Wand, fettig in Höhe der Köpfe. Hinten schliefen drei Landser, arme, schmutzige Wuckel aus Oberitalien, die wohl wieder zur Garnison fuhren, ein Flaschenregal mit allen Köstlichkeiten und eine Espressomaschine, ein Wunder an Chrom und Stromlinie. Sonst war nichts zu sehen.

Aus einem dunklen Nebenzimmer kamen zwei Mädchen. Sie waren nett zurechtgemacht, aber alles, was sie sich zurechtgerichtet hatten, war übertrieben. Sie sahen komisch aus. Die eine ging zur Maschine und braute gurgelnd einen Kaffee. Die andere lehnte sich in die Türe und sah mich an. Als er zischend fertig wurde, kam sie mit Zucker und Schale und setzte sich zu mir.

„Wo kommst du her, Blonder?“, fragte sie und suchte unter der Schürze nach Zündern für ihre Zigarette. Einer der Landser hob den Kopf und legte sich wieder zurecht, und das andere Mädchen schaute hinaus auf den Platz.

„Da Menfi.“

„Und wo willst du hin?“

„A Lampedusa.“

„Was macht ein Österreicher in Lampedusa?“, fragte in gutem Deutsch die von der Türe.

„Sind Sie Deutsche?“

„Ja, aus Bozen.“

„Ganz nett hier, was?“

„Ich verdiene gut. Der Chef zahlt ordentlich. Er nimmt nur

Mädchen aus dem Norden. Angelina ist auch aus Neapel. Alle Leute kommen zu uns. Die anderen können einpacken, und der Chef hat jetzt schon Bars an der ganzen Küste.“ Ich lächelte. Angelina lächelte auch, weil sie ihren Namen gehört hatte.

„Sie brauchen nicht zu glauben!“, sagte die aus Bozen gereizt: „Bei mir geht alles durchs Herz.“ Und sie zeigte auf das obere Ende ihrer Schürze.

„Come?!“, sagte Angelina zu mir, „was redet ihr da über mich?“

„Dass du dich nicht mit Männern abgibst.“

„Das ist nicht wahr. Ich mag Männer. Verstanden?“ Sie stampfte mit dem Fuß, dass die Bluse zitterte. „Ich bin immer die Zweite!“, sagte sie wütend und zu der Boznerin etwas im Dialekt, das ich nicht verstand. Die warf aber nur etwas die Hüfte. Ich hatte das Gefühl, es war ein verpatzter Abend. Wir sahen alle hinaus auf den Platz und eine der schlafmützigen Laternen. Nach einer ganzen Weile sagte ich, dass ich nach Lampedusa wolle.

„Dann bist du hier nicht richtig, Blonder“, sagte Angelina, und die andere meinte, dass mich die vom Postschiff, die um drei kämen, gleich mitnehmen könnten.

„Ich will mit einer Peschereccia.“

„Da gehst du nach Seccagrande, wenn's hell wird …“ Ich wartete, was noch kommen würde: „Ja, mein Pferdchen, zu Fuß nach Seccagrande, weil die erste Klasse dort nicht stehen bleibt“ – und beide lachten. Es war wieder gemütlicher geworden.

Um drei kam eine wilde Meute von Seeleuten hereingequollen, sie randalierten, schnitten Grimassen, zwickten sich in die Hintern, protzten vor den Mädchen und begehrten das Beste von den Regalen herunter. Nach einer halben Stunde war der Spuk vorbei, und die Mädchen ordneten einen Korb voll fettiger Lire, schmutzigem Schaum der Nacht, den sie geerntet hatten. Ich sah, dass sie vom Meere lebten, es war genug, und jede konnte dreihundert davon einstecken. Und die eine sagte: „Arme Jungen“, stellte drei Biergläser mit Cinzano auf unseren Tisch, machte nebenan das Licht an und drehte bei uns ab.

Nun sah ich erst, dass die Bude nebenan denselben Ausgang besaß und dass dort ein Kavalier geschlafen hatte, den Kopf auf der Marmorplatte, den Modehut im Genick. Nun klaubte er sich zusammen, sah auf die Uhr und schwankte, vom Licht vertrieben, auf die finstere Piazza.

Seccagrande

Es war schon kräftige Sonne, als ich den Monte San Calogero hinuntermarschierte, die Straße nach Ribera – wie man mir sagte –, und nach einer Stunde halbrechts in den Feldweg einbog nach Seccagrande. Oben an der Stadtmauer war ich an Ruinen vorbeigekommen. Kastelle der Familien Luna und Perollo, die sich hier im Mittelalter durch vier Generationen hindurch bekriegten. Die in der Stadt redeten noch gerne von ihrer Feudalzeit, aber die Historiker draußen nennen das Ganze nur den „Caso di Sciacca."

„Die Peschereccia?", sagte unten der Bauer und sah über die Reben hinaus auf die flimmernde See. „Dort ist sie ja!" Er sagte, dass sie immer erst gegen Abend wieder loslegten und dass sie gewiss hereinkämen, um bei ihm Zucchini einzutauschen, Finocchio und Trauben; dass ich auch davon haben könne. So viel ich wolle, könne ich davon haben.

Die Schaluppe lag etwa 600 Meter vor der Küste, die Segel gerollt und ein Beiboot im Wasser. Ich setzte mich ihr gegenüber in den Sand.

Drüben bei Punta Secca kam eine Gestalt durchs seichte Wasser – etwa bis zur Hüfte in den kurzen, hüpfenden Wellen der Küste, mit einer Stange über der Schulter. Dort, wo die Blöcke aus dem Wasser ragten, kam er heraus auf den Sand, und ich sah, dass er lange, blaue Hosen trug und alte Galoschen und dass vorne an der Stange ein Dreizack befestigt war. Dann stieg er wieder durchs Wasser und beobachtete den Grund. Plötzlich blieb er stehen, spritzte aufs Wasser, beugte sich vor, beschirmte sich die Augen und schlich einer Stelle zu, wo er offenbar etwas entdeckt hatte.

Er richtete seine Lanze auf, schob sie vorsichtig ins Wasser hinein und stieß dann zu. Scheinbar hatte er nichts getroffen, denn er ließ den Spieß schräg zum Grund über seine Schulter hinweg lehnen und versuchte irgendwelche Schnüre zu entwirren, die er am Gürtel trug. Als er die Dinge geordnet hatte, nahm er das Ende seiner Schnur in den Mund und schob die Stange über die Schulter nach hinten. Wie ihr längeres Ende Übergewicht bekam und rücklings ins Wasser platschte, schnellte vorne der Dreizack aus den Fluten mit einem Polypen, einem vielleicht meterlangen Polpo, an den Spitzen. Er musste ihn ordentlich in die Mitte getroffen haben, denn die acht Arme hingen schlaff, wie zu einem Zopf verklebt, herunter. Kaum war das Vieh recht aus dem Wasser, wurde es lebendig, entfaltete die Arme und tastete, soweit das gegen die Schwerkraft gelang, herum. Der Harpuneur machte einige Schritte vor und steckte seinen Arm in das Knäuel. Der Polyp saugte sich fest und mit einem Ruck riss er ihn von den Widerhaken der Spitzen. Diese Handgriffe dürften Übung verlangen, denn er machte sie rasch und mit Konzentration. Er biss dem Tier ins Genick, fädelte durch das so entstandene Loch die vorbereitete Schnur, und der Polyp ließ wie gelähmt los. Der Fischer wischte sich die Hand an der nassen Hose, spuckte gründlich, nahm die Stange flach und watete weiter.

Als er vor mir war, sah ich, dass er schon drei Polypen an seinen Schnüren im Schlepp hatte und dass er ein ganz kleines Fläschchen an einem Draht um den Hals trug. Und immer, wenn er stehen blieb und den Grund betrachtete, nahm er die ruppige Feder aus dem Fläschchen und sprengte damit vor sich über das Wasser.

„He, du!“, rief ich ihm hinunter, „was machst du denn da mit dem Fläschchen?“ Er blieb stehen und hielt sich die Hand über die Augen, weil er mich gegen die Sonne schlecht sehen konnte.

„Ja, wisst Ihr denn nicht, dass Öl die Wogen glättet?“

„Gewiss, aber das ist doch viel zu wenig!“

„Aber mein Herr“, rief er und breitete die Hände aus, „ich bin kein reicher Mann, mehr kann ich nicht geben!“ – Wir geben wohl auch nicht mehr.

Gegen vier Uhr tauchten am Deck der Peschereccia einige Gestalten auf. Sie krochen unter den Leinen durch, kramten herum, dann warf einer zwei Kisten in das Beiboot und kletterte selbst hinein. Dann verschwanden die anderen vom Deck, und er kletterte wieder aufs Schiff und so fort. Recht umständlich. Endlich legten zwei los und ruderten herüber.

Sie zogen das Boot ein wenig aus dem Wasser. Der eine trug eine lange Hose. Der andere eine kurze, ein Ruderleibchen und eine schwarze Mütze. Er nahm die Mütze unter den Arm und pfiff durch die Finger. Bald darauf kamen die Bauern, die mich hergeschickt hatten, mit zwei Körben, und ich habe Sizilianer nie so rasch und still verhandeln sehen.

„Ich möchte rüber zum Capitano", rief ich.

„Pepo, mach Platz vorne", sagte der mit der Langen, und Pepo stülpte einen Kübel Seewasser über die erste Bank, schöpfte die trübe Brühe aus dem Bauch des Ruderbootes wieder heraus, zog sein Leibchen aus und legte es mit seiner Mütze als Polster auf meinen Sitz.

Draußen beim Schiff schlug mir scharfer Geruch entgegen. Alle Stangen und Leinen hingen voll Polypen zum Trocknen, hart wie die Bretter, und alles war eingesponnen von Netzen, die mittschiffs bis zur Mastspitze hochgezogen waren. Die kopfgroßen Glasballons, die es sonst im Wasser tragen, baumelten wie chinesische Lampions in langen Ketten unter dem knallblauen Himmel. In flachen Kisten lagen Fische und eine Menge verrückter Tiere, die ich nicht alle gleich erkennen konnte. Ein paar klebrige Arme halfen mir herauf auf Deck, und ich wusste gar nicht recht, wo hinsteigen. Das Wenige, das vom Verdeck noch übrig war, war schleimig wie ein Fischbauch.

„Bemühen Sie sich nicht", rief der Kapitän und wand aus dem Niedergang einen Stuhl hervor. „Machen Sie sich's bequem." Das Nobelstück der Ausrüstung. Man durfte nicht annehmen.

Wir setzten uns auf einen Haufen von Seilen und Segelflickzeug, der auf den mächtigen, eisenbeschlagenen Auslegebrettern getürmt war. „Sie gestatten“, sagte der Kapitän, als ihm einer der Burschen einen Teller mit etwas Öl gab und er die Teile von einem trockenen Polypen und einer Rübe hineinschnitzelte. Die Schaluppe schlingerte bestialisch, und ich ahnte, dass mir übel werden würde. „Sie werden das nicht essen wollen?“

„Nein, ich wollte nur fragen, ob Sie nach Lampedusa rübermachen.“

„Ja, so jede Woche.“

„Und wie oft kommen Sie da nach Punta?“

„Jeden Tag, wenn wir fertig werden – wenn's nicht zu stark wettert.“

„Können wir da mit rüberkommen?“

„Versteht sich!“ Etwas Öl aus seinem Teller war ihm durchs Schlingern auf die Hose geraten, und er verteilte es mit dem Ärmel. „Wie viele seid Ihr?“

„Vier.“

„Und Gepäck?“

„Zwei Kisten.“

„Das geht.“ Die Lampions pendelten und die Polypen. Alles Zeug rutschte im Rhythmus über Deck, und die Leute hielten sich lässig fest.

„Müssen wir was bezahlen?“

„Wenn ihr eure Ecke, in der ihr sitzen werdet, selber rein haltet“, sagte er fröhlich, „dann nicht“ – und alle lachten. Sicher sah man, dass ich unter der braunen Haut gelber wurde. „Aber wenn Sie gute Zigarren haben!“ Alle waren fröhlich.

„Wie lange machen Sie noch rüber? Wir wollen etwa in einer Woche.“

„Va bene!“, sagte er, stand auf und gab mir einige trockene Seepferdchen zum Andenken. „Nehmen Sie das und lassen Sie Ihre Freunde grüßen. In einer Woche also.“ Zu dritt stiegen wir wieder ins Boot. Ich fühlte, dass mir gleich übel werden würde. „Heute ist schlechtes Meer. Das verdreht den Kopf. Grüßen Sie Ihre schönen Freunde.“

„Ihre schönen Freundinnen" und „in einer Woche!" riefen die anderen und winkten. Die Schaluppe schwankte, und penetranter Fischgeruch wehte von ihr herunter.

*

Ein halbes Jahr später fuhren zwei von uns endlich nach Lampedusa. Mit einem Kutter von Syrakus. Syrakus ist wirklich eine begünstigte Stadt, und es gibt dort viele große Boote.

*

Es ist ziemlich leicht, über Sizilianer zu reden, aber verdammt schwer, zu erklären, was du ihrer Welt gegenüber erlebst, und du musst dankbar sein für kleine Tricks, für Begegnungen oder scharfe Grenzen, vielleicht auch für das Künstliche, das Eindimensionale eines schmalen Weges deiner Sicht, die alle die Sache ein wenig erleichtern.

Konstruktivismus, Stirner, Berkeley

Ist es denkbar, dass sich jeder von uns eine andere Welt erträumt und zusammenreimt? Wie wäre zu widerlegen, dass nur der Leser dieser Zeilen existiert und er sich das Rund-um-Ihn bloß ausgedacht hat? Das hörte man in Vorträgen der Solipsisten. Warum aber, wenn das so sein sollte, halten Solipsisten Vorträge? Oder existiert die Welt überhaupt erst dadurch, dass wir sie denken? Das lehrte Bischof *Berkeley* schon im 18. Jahrhundert.

Was in unseren Tagen davon übrig blieb, kennt man als Konstruktivismus; konstruiert von drei an der Westküste der USA gelandeten Österreichern: *Ernst von Glasersfeld* sowie *Paul Watzlawick* und *Heinz von Förster*, mit welchen ich bald befreundet war. Das war leicht, weil man mich als Evolutionisten auf dem Podium einiger Schweizer Universitäten den Konstruktivisten gegenüberstellte. Die Frage: Ist die Welt nicht doch für uns alle in einer Weise gleich?

„Dass wir uns hier gemeinsam mit einem großen Auditorium befinden", argumentierte ich, „setzt voraus, dass alle unsere Vorfahren, zurück bis zur Amöbe, genetischen Lebenserfolg hatten, also wenigstens in diesem Sinne gemeinsam derselben Welt entsprochen haben." „Da sehen Sie", warf Heinz ein, „wie sich der Rupert die Welt zusammendenkt." So geht es also nicht.

Erst ein späteres Beispiel zog: Ich lade drei Personen ein, getrennt durch ein großes Waldstück zu gehen. An seinem Ende stellen wir uns auf, sie zu erwarten und zu befragen. Ich hatte einen Wilderer gewählt, einen verliebten Dichter und einen Moos-Spezialisten. Der Wilderer hatte Jäger gehört, die es nicht gab, der Dichter Vogelstimmen in Hexametern und der Moos-Spezialist das Gras wachsen. Meine Freunde jubelten. Das nenne ich die Welt „B". Keiner aber hatte sich den Kopf an den Stämmen blutig gestoßen, nicht einmal ein Auge an den tausend dürren Fichtenästen ausgestochen. Sie müssen das alles in gleicher Weise für real gehalten haben. Das nenne ich die Welt „A". Sie wären ansonsten aus dem Wald nie mehr herausgekommen.

Der Unterschied zwischen unseren Welten A und B liegt in der Art der Selektion. Wer in A der Natur der Welt nicht entspricht, überlebt nicht und kann dann nicht einmal mehr über Konstruktivismus reden. Was in B der allgemeinen Meinung nicht entspricht, wird weitgehend toleriert; früher einmal zwar gerne verbrannt, heute laufen gelassen, schlimmstenfalls hospitalisiert. Das Argument, das meinen Freunden noch blieb, war: „Ist ja ohnedies klar; der Rupert ist ein Spielverderber." Wir alle lachten.

Und Lachen ist hier das Beste. Denn die Übergänge zwischen unseren beiden Welten des immer Menschlichen und all unserer Fantastereien macht Verwirrung, das Schöpferische und in allem Gesellschaft und Kultur.

*

Nach der geschilderten Heiterkeit habe ich das Gefühl, dem Leser noch den kulturgeschichtlichen Hintergrund schuldig zu sein.

Man soll, nimmt man die Sache ernst, den Konstruktivismus als eine Reaktion auf den Ungeist des biologischen Zeitgeistes, namentlich in den USA, rund um die 70er-Jahre verstehen.

Anfang des 20. Jahrhunderts entdeckte der Russe *Iwan Petrowitsch Pawlow* den bedingten Reflex. Läutet man einem Hund kurz vor der Futtergabe eine Glocke, trieft ihm, nach einigen Wiederholungen, schon bei diesem Vorsignal der Speichel. Heute wissen wir, dass er etwas noch Profunderes entdeckt hatte: die bedingte Appetenz. Sein ganzes Repertoir sozialen Futterbettelns wird aktiviert. Sind auch wir Menschen Reflex-Automaten?

In dieser Folge entstand der Amerikanische „Behaviorismus", den man nicht mit Verhaltenslehre verwechseln darf, denn er nimmt an, dass auch das Gehirn des Menschen ein unbeschriebenes Blatt sei, auf dem man, was auch immer, prägen und konditionieren könne. *Skinner,* einer der prominenten Vertreter des Behaviorismus, behauptete, er könne aus einem Baby alles, einen Verbrecher wie ein Genie machen. Bei einer gleichartigen Erziehung wären auch die Inhalte der Gehirne gleichartig. Ein Schreckensbild.

Man wird verstehen, dass sich Psychologen, gerade in einem solchen geistigen Milieu, dagegen auflehnen und als Konstruktivisten zusammentun mussten. Denn fraglos sind wir verschieden ausgestattet und nützen diese Verschiedenheiten auch zu verschiedenen Weltdeutungen. Ohne solche Differenzierung gäbe es keine Kultur und noch weniger Bewegung in ihr.

Am anderen Ende der Wunderlichkeiten lauert aber schon der erwähnte Solipsismus, in ihm würde ein radikaler Konstruktivismus scheitern; obwohl er rational nicht zu widerlegen ist. Denn auch wenn ich anstelle des nächsten Satzes „$&&&§$ %$§" schreibe, um nachzuweisen, dass man das nicht hätte vorhersehen können, genügte die Behauptung eines solipsistischen Lesers, dass er auch das erdacht hätte.

Bertrand Russell erzählt von einer Dame, die vom Vortrag eines Solipsisten so angetan war, dass sie auf ihn zuging und wünschte, dass es von Philosophen seiner Art mehr auf dieser Welt geben sollte. Hat sie den Redner nicht verstanden? Nein; der Redner ist unverstehbar. Denn schon das Reden über Solipsismus ist ein Widerspruch.

Und auch wenn er rational nicht zu widerlegen ist; vom Leben wird er widerlegt. Mit der Teilung der Welten A und B habe ich vorhin versucht, das vorzuführen.

Und dennoch ist der Konstruktivismus kein reines Spiel mit geistigen Freiheiten. Er legitimiert etwas wie Beliebigkeit des Handelns, was in der Sozietät einer Kultur nicht angeht; die Plätze für Hospitalisierung bleiben in einer Gesellschaft beschränkt. Aber eben auch die Plätze für ihre Abweichler, Entdecker und Genies.

Das Meer, so groß es ist, und ein wenig Sand

Die Südküste Siziliens ist lang, einsam und flach, und die weiten Dünen, die sich in wirren Kräuseln im Wasser verlieren, sind nur da und dort unterbrochen von einer Hafenmole oder von einem Felskap. Eines dieser wenigen war Punta Reciglione, es trug seit Wochen unsere Zelte; und die losen Steine der Mole von Sampieri, von wo wir wöchentlich die Post holten, lagen einige Kilometer weiter im Westen.

Damals wurde auf Regelmäßigkeit des Postholens noch größter Wert gelegt, wobei die fälligen Termine weniger durch den Kalender als durch die Stimmung der jeweils Bedürftigsten bestimmt wurden. Heute war *ich* Ordonnanz und von den Erfahrenen dachte niemand an Widerspruch – abends, denn wer geht während des Tages über Land? Es war das einer jener Abende voller Sterne, die das Meer in raumlose Tinte verwandeln und das Firmament in eine Zirkuskuppel schamloser Üppigkeit, ohne einen Hauch und ohne einen Mond dazwischen, und die Stimmungen daraus, die einen zum Wandern trieben oder zum Wachen, waren ebenso färbig wie unklar, und als unser Maler ein Hemd überstreifte und erklärte, er würde mich nun begleiten, so versuchte er gewiss nicht sich zu erklären, und niemand hätte es auch anders erwartet.

Solange die Agaven so dicht standen wie am Lager, tappten wir hintereinander, und wohl die einzige Idee, die uns gemeinsam war, war die, das Hemd auszuziehen und es mit verknoteten Ärmeln um den Hals zu hängen, und das einzige klar bewusste Gefühl vielleicht Ärger über einen lärmenden Köter, der uns hartnäckig verfolgte. Nach den letzten Felsen wird es mit einem Male freier, und jenseits des weit geschwungenen Strandes liegen dann die wenigen Lichter Sampieris oder der dortigen Fischerboote, wer kann das unterscheiden.

Hier zieht man die Schuhe aus, verknotet die Bänder und hängt sie über die Schulter, um die nächsten Kilometer auf jenem schmalen, kühlen und asphaltglatten Sandstreifen zu gehen, den die Wellen gerade noch berühren. Ein merkwürdiges Band ohne Nachbarschaft, voll der verschiedensten Lichter. Einmal, wenn eine Welle an ihre zurückströmende Schwester prallt, zucken die grünen Lichter Hunderter Borstenwürmer, hingestreut und nervös. Ein andermal, wenn die zurückgeglittene Welle eine dünnste Wasserschichte über dem Sande lässt, gerade in diesen Sekunden, bevor dieser Spiegel abrupt versinkt zwischen den Poren des Sandes, geht man auf einem Sternenhimmel, über den Großen Bären und den Wagen. Diesen Himmel hat der Maler entdeckt. In der Krümmung der Flächen sieht er betrunken aus, oder wie durch nasse Augen. Und endlich vermochten noch die Lichter von Sampieri einzeln und eigenwillig über den Sand bis zu uns zu tanzen, zwischen dem Unbestimmten einer mondlosen Nacht.

Wir mussten es überraschend finden – das konkrete Teilchen im All –, gerade hier um Feuer gebeten zu werden. Das dunkle Bündel, das sich langsam im Sande abzuheben begann, entpuppte sich im Scheine eines Streichholzes zum Gesichte eines alten Feldarbeiters, der am langen Heimwege ein wenig ruhte. Das Streichholz war erst umsonst entzündet, denn er besaß keinen Tabak, und so saßen wir ein wenig beisammen. Er wusste von einem Flurwächter, über die Küstenpatrouille, vom Präfekten also, von wo wir waren und dass wir die Küste zeichneten. Auch er hätte uns längst beobachtet. Nun wollte er wissen, wie lange wir noch blieben und wann also wieder Krieg begänne. Vor 35 Jahren, und wir sollten nicht so tun, als ob wir nichts wüssten, sei Enrico da gewesen, ein blonder Maler aus dem Norden, auch er habe die Küste gezeichnet, und als er abreiste, begann der Krieg mit den Deutsch-Ungarn. Niemand hat jemals wieder etwas von ihm gehört, der Präfekt wurde damals abgelöst. Ist ja wohl eine Sache des Verstands.

So saßen wir also auf dem schmalen Weg unserer Begegnung, Söhne des Bösen, des leibhaftig Fremden, und versuchten uns mit europäischen Lügen. Wir blieben, so erklärten wir ihm als letzte Fassung, selbst wenn wir wegführen, doch für immer in Palermo.

„Ja, aber wozu malt Ihr dann die Küste?"

„Nur weil es uns Freude macht", und damit war er sich wieder im Klaren, dass wir gelogen hatten, empfahl sich höflich und platschte bekümmert hinaus in die Nacht, in eine Art von Einsamkeit, die wir *so* das erste Mal zu fühlen begannen, fort nach Punta Reciglione.

Sampieri – über die Misthaufen der Strandseite ist es mühelos zu erklimmen – ist ganz unbekümmert gebaut, ohne sich etwas vorgenommen zu haben, ohne Wasser und Strom, ohne Fenster und ohne Ambitionen. Sampieri ist mürrisch, denn es ist nur in den Sommerferien bewohnt, von erhitzten Städtern, die aus Modica flüchten und aus Ragusa, und die dreißig klotzigen Häuser haben breite Rücken und niedere Stirnen, und keine zwei von ihnen sind auf die Idee gekommen, sich das Gesicht zuzuwenden. In der Nacht, wenn sie sich aufschließen, fließt ihre seelische Armut heraus auf dem wenigen Licht der Petroleumlampen und das Nichts ihres Inhaltes, ein Drahtbett und eine Bank, Improvisationen, die längst erstarrt sind zu vertrauter Gewohnheit.

Das Gemäuer des Postmeisters fanden wir verschlossen und verlassen, und als wir uns nicht zu randalieren getrauten, erschien der Präfekt und randalierte. Er rief – ganz unnötig –, dass jedermann Recht auf Post besäße, wer er auch sei, und wir pflichteten ihm bei. Es fand sich ein Nachbar, der den Trick kannte, die Türe zu öffnen, und die scharfe Polizeilampe enthüllte über Briefen, Paketen und Säcken in aller Härte ein schlafendes Frauenzimmer. Sie drehte sich auf unsere Bitte zur Seite, überließ ihr Lager unseren Nachforschungen, und nachdem wir das oder jenes an uns Adressierte gefunden hatten, empfahlen wir uns mit lauten Dankesworten. Eine Sache der Vernunft.

Am Strande, den wir nun an anderer Stelle erreichten, bot sich ein merkwürdiges Bild. Auf einer der Dünen – im knalligen Licht einer Benzinlampe – lehnte eine kleine Wellblechbude, deren Dach, aus Matten und Binsen geflochten, auf dünnen, knorrigen Stützen sich weit hinaus erstreckte über den Sand, um einer Menge von Tischen und improvisierten Bänken Dach zu bieten. Das „Lo Chalet". Hier drängte sich ein bunter Trubel lauter Gesellen. In der Bude klirrte man mit Wein und Eiswürfeln, davor mit Gitarren, und die Schatten des ganzen ziellosen Treibens geisterten fort über den Strand und die ersten ankommenden Wellen. Wir wurden magnetisch angezogen – hier gibt es kein Entrinnen –, und so besetzten wir als stille Beobachter, die wir zu sein wünschten, das dämmrigste Tischchen am Rande dieses nächtlichen Treibens.

Unter der zischelnden Leuchte lagen Bretter, auf denen pausenlos verwirrende Tänze geliefert wurden. Wir wurden rasch entdeckt und in die Mitte gebeten. Wir weigerten uns, Greenhörner, die wir waren. Unsere Beteuerung, kein Geld bei uns zu haben, wurde darauf ignoriert und Rosso secco serviert mit Eiswürfeln, dreifach, für die nächsten Stunden. Gott, wer zählt hier Flaschen! Wer uns nicht gut genug sehen konnte, trug seine Bank näher. Wir wurden aufgefordert, den nettesten Mädchen des Abends wenigstens zu winken, und endlich fasste einer die Lampe und hing sie mit all ihrem Licht über unsere Köpfe. Kleine Jungen bestürmten uns mit Fragen, ob wir nicht tanzen könnten, trinken nicht gewöhnt seien, ob wir immer kurze Hosen trügen oder verheiratet wären, und erklärten, dass *die* mit der roten Kette „Maria" hieße und die andere „Giulia" (begleitet mit unmissverständlichen Gebärden, die die Fülle bestimmter Körperteile beschrieben). Unversehens wurde dann noch die Tanzfläche vor unsere trägen Beine und wir damit in die Mitte der Ereignisse bugsiert. Mario und Carlo, Geologiestudenten aus Ragusa, verscheuchten die Jungen, dirigierten ihr Rudel Freundinnen, die Dorfältesten und neues Eis herbei und versuchten gleichzeitig, den Grund unserer Missstimmung und Verschlossenheit zu erforschen.

Wir gaben uns alle für verloren, ergriffen die mit der roten Kette sowie die andere und wirbelten unsinnig auf den Brettern herum. Der Jubel, die Kräfte unserer Mädchen und die Musikanten fanden kein Ende, und unter Hochrufen fielen wir wieder auf unsere Bänke. Der Höhepunkt des Abends war gekommen, und alles wurde sich darin einig, noch nie einen so gelungenen Abend mit Spionen zugebracht zu haben. Als wir versuchten, uns zu erklären, schalt sie Mario als unüberlegte Lümmel und sie wären nahe daran gewesen, uns die wohlverdiente Unterhaltung zu vergällen.

Spät in der Nacht löste sich das Treiben. Totgetanzt und totgeredet, aber die Creme der Gesellschaft, Mario, Carlo und die Mädchen, gaben uns das Ehrengeleite über den kühlen, finsteren Steg, den wir gekommen waren. Die Fantasie war mit ihnen durchgegangen, den braven Sommerfrischlern, hinaus über Modica, hinaus über Sampieri mit seinen nächtlichen Möglichkeiten. Und wir erlebten, wie wir ständig wuchsen im Dämmerlicht der Geheimnisse, die uns nun unabwendbar verfolgen würden, die wir fortan einfach zu tragen hätten. Wir waren es wert geworden, dass man um uns bangte, und das war nicht nur Sache von Mädchen. Es war es wert geworden, uns die ganzen Ersparnisse anzubieten für den Fall irgendwelcher Ereignisse, und man wuchs selbst in der latenten Gefahr unserer Nähe und der eigenen, neu entdeckten Selbstlosigkeit.

Gott, ist das Leben bunt, man darf nur seine Feinheiten nicht übersehen. Niemand übersah sie, und der Abschied ganz draußen, zwischen Sand und Meer, auf diesem schmalen Stege unserer Bekanntschaft, wurde zelebriert wie ein Kapitel einer Räubergeschichte oder einer Blutsbrüderschaft. Und nichts wurde so einmütig vertreten wie die Behauptung, dass wir nun echte Freunde besäßen, und nichts wäre wichtiger, als sich dies stets vor Augen zu halten.

Als Kinder – wollte uns nun scheinen – hatten wir wohl in der Dunkelheit ähnlich gesungen, und nun glaubten wir, damit etwas über den Rand zu sehen, über den Rand dieser Einsamkeit.

Etwas betäubt zogen wir dann weiter nach Punta Reciglione. Sampieris Lampen waren längst erloschen, und unseren Weg überzogen nur mehr die Lichter der Sterne und die des Meerleuchtens. Wir waren müde, aber auch die völlige Finsternis über dem Punta machte den Weg schwieriger, und es war kein Unterschied, blind zu gehen. Wurde der Boden zu trocken, so hieß es, sich etwas nach rechts, wurde es zu nass, nach links zu wenden, und die Welt schrumpfte so zusammen auf ein wenig Sand und Seewasser zwischen den Zehen, und das Einzige, was sich noch beobachten ließ, uns vor Augen hielt, dass Zeit verging und etwas dabei geschah, war ein kleiner Stern, ganz draußen am Horizont, der gelegentlich ins Meer tauchte und dann blinzelnd wieder erschien.

Es mag aber auch Malta gewesen sein, oder irgendein Boot.

Gerade hier wurden wir wieder zum Stehen beordert mit Kommandostimme und zum Nicht-Rühren, und eine rote Lampe geisterte uns vor den Augen.

„Oh!", sagte der Präfekt, er hätte uns erschreckt und nicht geahnt, dass wir es gewesen wären. Ein aufrechter Mann, den wir alle sehr verehrten, weil er die Sonne seines Landes in ihren feinsten Strahlen kannte.

Er begrüßte rasch das glückliche Zusammentreffen, versprach, bis zum Kap mit seiner Laterne zur Verfügung zu stehen, plauderte über Gott und die Welt, deren Mittelpunkt Sampieri bildete, und das Amt, das er zu erfüllen hatte. Nichts fand er so verbürgt wie das, was wir zu sein vorgaben, nichts so kränkend und haltlos wie das, was Sampieri meinte, nicht leicht aber einen Weg, Unrecht verwinden zu können, wollte man nicht als Tölpel Gleiches mit Gleichem vergelten. Es wäre nämlich ein Unrecht, sagte er, Menschen den Glauben zu nehmen, ohne ihnen Ersatz bieten zu können. Es läge etwas Herrliches darin, das zu sein, was die Welt von einem verlange, und gerecht würde den die Strafe treffen, der da glaubte, sich über dieses Schauspiel erheben zu können. Ein Fremdling der, der da das schmale, feige Wort über die Gerechtigkeit und den Verstand stellte.

Wenn ich mich gut erinnere, waren wir bewegt, als wir ihm versicherten, wie Recht er hatte, aber er meinte, selbst wenn er sich in uns getäuscht hätte, wäre es unsere Pflicht, mit jeder Sorge zu ihm als einem Mann zu kommen wie zu unserem Vater, denn – und damit verabschiedete er sich wieder steif wie ein Wachmann – erstens würden sich solche einstellen, und zweitens gehöre Punta Reciglione noch zu seinem Revier.

Wir beide marschierten dann wie aufgezogen weiter in die Dunkelheit, und als wir uns nach einigen Minuten umdrehten nach unserem Präfekten, so sahen wir eine ganz kleine Gestalt im engen Lichtkegel seiner Lampe, in der unendlichen Finsternis, in der Wüste von Sand und Meer und einigen Sternen. Er hatte sein Gewehr neben sich in die Düne gesteckt, die stolze Mütze wieder in die Tasche und nahm sich eben die verknoteten Schuhe vom Hals, um sich bestiefelt landeinwärts zurück nach Sampieri zu wenden. Nach wenigen Minuten war er, ein kleiner, geisternder Komet, in dieser Einsamkeit entschwunden, deren kaum erhaschte Begrifflichkeit aber wieder stumm über unsere Hände hinaufstieg und hinüberragte in die nun schier unfassliche Weite – die uns entrann –, in der er sich wieder verlor.

Auf den Felsen des Punta, wir hatten das Hemd um den Hals geknotet, verfolgte uns ein lärmender Köter. Kein Stern blinzelte, sondern alle starrten mit hypnotischer Kraft, und wir verstanden nicht, dass wir es nicht schon längst begriffen, was uns die alle wohl schon seit langem zu sagen hatten.

*

Das war 1949 im August. Ich merkte mir diese Geschichte, weil ich gerade damals Tagebuch geschrieben hatte, das beste Zeichen dafür, dass sich nichts Ordentliches ereignete. Wohl alles nur eine Sache des Verstands. Aber ich möchte sie doch nicht gerne weglassen.

Über die „Konstruktion" unserer Wirklichkeit gab es schon Ursache, nachzudenken, und ich meinte, dass man das nach unseren Welten A und B verstehen könne. Woher aber beziehen wir Verstand und Vernunft?

Erst spät im Gang durch einige Wissenschaften, es muss in den 70er-Jahren gewesen sein, machte man mich auf eine Einsicht von *David Hume* aufmerksam, revolutionärer Empirist, Schottland des 18. Jahrhunderts. Er erkannte, dass die Erfahrung nur zeige, dass der Stein warm wird, „wenn" die Sonne scheint, das „Weil-die-Sonne-Scheint" ist eine Konstruktion, die wir gedanklich hinzufügen. Woher also stammt das „Weil"? Das machte mir Eindruck; aber wie manchen anderen schon lange vor mir. Vor allem *Immanuel Kant*. Das wusste ich aber noch nicht.

Erst in einem Seminar, in dem ich berichtete, dass die Ordnungsmuster unseres Denkens die der Natur widerspiegelten, sagten mir Philosophen: Das, was du darstellst, findet sich in den *Kantischen Apriori* des Verstandes. Ich begann *Kant* nachzublättern.

Er stellt fest, dass unsere Möglichkeiten, Erfahrung zu machen, aus unaufklärbaren Hintergründen nicht nur Raum und Zeit voraussetzen müssen, sondern auch Quantität, Qualität, Kausalität und Finalität. Konnte es sich, so dachte ich, nicht um eine Anpassung unserer Denkformen an die Natur handeln? Da erschien *Konrad Lorenz'* „Die Rückseite des Spiegels". Die *Kantischen Apriori* für das Individuum, so klärte er diesen Hintergrund auf, werden zugleich *a posteriori* Lernprodukte unserer Stammesentwicklung sein. Da hatte ich meinen Gewährsmann. Sie setzen die Verstandes-Kategorien unseres ererbten Weltbildapparates zusammen. Woher aber stammt unsere Vernunft?

Da geht es nicht um Einzelerfahrung, sondern, wie man sagt: „um Werterkenntnis im universellen Zusammenhang der Dinge". Wenn meine Mutter sagte, es ist unvernünftig, dass du immer Fußball spielst, mein Vater, dass du immer hinter Büchern sitzt, dann war eben das gemeint: eine Werte wägende Lebenshaltung.

Über deren Herkunft sind die Bücher freilich noch nicht geschlossen. Ich vermute aber, dass es sich auch um eine Anpassung, nun an den Lebenserfolg, namentlich in der Gruppe handelt. Es kann nicht nur Einzelerfahrung, sondern muss auch eine sich langsam ausformende Vernunft gewesen sein, welche die Populationen des *Homo sapiens* hat überleben lassen. Und die Frage wird interessant, wie es denn geschieht, dass diese Ausstattung immer wieder unterlaufen wird.

*

Was ich dem Thema noch schuldig bin: Ich muss es über den akademischen Disput hinaus führen. Ich muss noch zeigen, dass es sich um ein Zeitproblem unserer Gesellschaft schlechthin handelt. Dass jene Ausstattung, die uns jedenfalls über eine Jahrmillion des Menschseins hat überleben lassen, nicht mehr passt, hängt mit dem Entstehen der Massenzivilisation zusammen.

Wir sind an der Kleingruppe sozialisiert worden und auf die neuen Bedingungen, wie sie die Massenanonymität mit sich bringt, nicht vorbereitet. Unser Handeln und Urteilen erfolgte stets von Angesicht zu Angesicht, Kümmernisse, Körpersprache, Umfeld, alles mit einbezogen.

Das ist nun anders. Die alten Regulative und die langsame genetische Adaptierung sind vom Tempo der Zivilisation überrannt worden.

Zu den garstigsten Produkten, die uns diese Anpassungsmängel eingebracht haben, gehört die Umkehrung des Zusammenhangs von Verantwortungsgefühl und Verantwortungsumfang. Ein Beispiel, mit dem ich mich gewöhnlich in kurzer Form verständlich machen kann, geht von der absichtsvollen Schädigung des Nachbarn aus. Ich schildere das nach vier Ebenen:

Im Kreis der Familie erscheint uns dies als moralische Katastrophe. Schädigt ein Kaufmann Hunderte, und die Absicht kann ihm nicht nachgewiesen werden, ist das keine moralische

Katastrophe, es gilt als Fahrlässigkeit: „fahrlässige Krida". Schädigt eine Bank Tausende, ist das gar nichts mehr. Vielleicht geht einer in Frühpension. Ansonsten wird das Kapital aufgefüllt. Und schädigt ein Staat absichtsvoll einen Nachbarstaat, gilt das bereits als Form der Vernunft, heißt nämlich „Staatsräson".

Unverdorbene menschliche Vernunft findet diese Umkehrung empörend, nimmt aber gleichzeitig die Ursache wahr: zunehmende Anonymität. Ein kleiner Kaufmann kann seine zwei Mitarbeiter nicht entlassen, weil er ihre Lebensmühen stetig miterlebt. Die Besitzer der Wertpapiere in New York, die bemerken, dass ihr Konzern in London rote Zahlen schreibt, setzen tausend Familien auf die Straße; sie kennen keine.

Man wird auch wissen, dass ein mental gesunder, unverhetzter Mann ein weinendes Mädchen nicht schlagen kann. Allerdings unter der Voraussetzung, dass er das verzweifelte, tränenüberströmte Gesichtchen direkt vor Augen hat. Gedrillt und anonym im Bombenflugzeug kann er sie hundertweise zu Tode kommen lassen.

Was uns diese Umkehrung schon an Schwierigkeiten, Unheil und Leid eingebracht hat, wird man vor Augen haben. Und man wird sich nach den uns verbliebenen Regulativen gegen allen Humbug und Betrug gefragt haben. Ich kenne dazu nur Bildung in ihren zwei Formen.

Einmal im Hinblick auf unseren kulturellen Überbau, ein andermal im Hinblick auf unsere Ausstattung als Kreatur. Was den Überbau betrifft, geht es um eine Abwägung der Werte, welche die tragenden Säulen unserer Kultur wechselweise bieten. Was unsere Ausstattung betrifft, geht es um die Wahrnehmung und Pflege der menschlichen Vernunft, in der das steckt, was wir als menschengemäß empfinden und beanspruchen.

Wenn man bei *Rousseaus* „Gesellschaftsvertrag" noch fragen konnte, ob Menschenrechte verlässlich aus den Ansichten Gottes abgeleitet werden könnten; mit Kenntnis der Ausstattung des Menschen und seiner unverdorbenen Vernunft ist man dazu verpflichtet: und zwar für Menschenrechte wie für das Völkerrecht.

Darum denke ich, dass uns das Thema menschliche Vernunft auch persönlich betrifft.

Eine belanglose Geschichte schließt an; so wie einem solche immer wieder begegnen, weggelegt und vergessen werden. Oder sie tauchen ungerufen wieder auf, wenn wir meinen, dass etwas Vergleichbares wahrzunehmen gewesen wäre. Und man fragt sich, warum einem diese in Erinnerung geblieben ist.

Steinige Wege

Die Hinterräder meines Jeeps stehen auf der Felskante zum Meer hinunter und die Schnauze des Wagens steckt tief in den Agaven.

Das war damals nicht weit vor Marzamemì an der Südostecke der Insel. Das ist dort, wo nichts mehr ist. Nicht einmal ein Hund oder eine Hütte. Am Beginn der Fahrt gab es noch ein Landsträßlein, dann einen Karrenweg, zuletzt einen „Sentiero", etwas, wie das Wort sagt, das man als Pfad gerade noch ahnen kann, am letzten Kilometer entlang der Küste nur mehr Klippen, Sand und Agaven.

Es war Mittag geworden, und die Sonne briet senkrecht herunter. Die Freunde hatte ich mit dem Jeep hergebracht. Sie hatten auf den Kutter zu warten, den Fischkutter, der sie heute nach Lampedusa rübernehmen sollte, und ich musste wieder heim zu den Zelten, zu den anderen, nach Sampieri an der Südküste.

Aber es war kein Platz zum Reversieren. Der Motor jaulte, jedes Blech war zum Verbrennen heiß, und die Hitze blies aus den Fugen heraus, zwischen dem Gaspedal und der Bremse. Immer wenn ich wieder umsonst auf die Kupplung sprang oder aufs Gas, fauchte der heiße Wind herauf. Endlich schleiften wir zu dritt das Heck des leeren Wagens per Hand herum, ich quetschte mich mit ihm noch durch die Hecke von Agaven, und es ging heim, und ich spürte im leichten Fahrtwind, wie mein Hemd klebte und der Strohhut an der Stirne und die Uhr am Arm, und dass das bald wieder vorbei sein würde. Belangloses wie vieles.

Man soll nicht die Küste lang nach Pozzallo, denn es gibt hier keinen ordentlichen Sand zum Fahren, sondern nur die ausgewaschenen Felsen, und man muss verdammt langsam dahintorkeln, damit nichts bricht. Und wenn es so kracht zwischen den Rädern, so weiß man nie recht, was eigentlich schon wieder los ist.

Es mochte zwei geworden sein, als ich nach Pozzallo kam, ein wenig schwindlig vom Schaukeln und durstig. Vielleicht vierzig

Hütten stehen hier herum, zwischen denen der Staub brodelt in der Hitze. Auch die Hütten kehren einander alle den Rücken zu, nur die an der gepflasterten Hauptstraße wirken etwas offener. Aber die machen nur so, sie gehören meist reichen Ragusanern und sind in Wahrheit noch viel verschlossener.

Am Hauptplatz steht in jeder Ecke eine Palme und eine Bank, eine Treppe führt hinauf zu der falschen Kirchenfassade, und an einen der beiden Kandelaber gebunden schläft noch immer der Esel. Neben Nuncias Haus – ein Würfel mit spanischer Fassade und einem renitenten Stiefvater –, gleich daneben steht versteckt die Bar von Gennaro. Das Schild und der Perlenvorhang sind ausgeblasst von der Sonne, grau wie versteint, und die Stühle hat Gennaro wieder weggeräumt, weil sie die Straße repariert hatten und weil doch nie jemand draußen saß. Hier stellte ich meinen Wagen hin. Ich glaube, ich sagte doch, dass ich Durst hatte.

„Babbo-o!", rief eine Kinderstimme, als ich in die schummerige Dämmerung hineintrat, „der Österreicher ist noch einmal da." Sie waren Neapolitaner und mochten mich gerne, weil ich ihren Dialekt verstand, weil ich gleich bei meinem ersten Besuche „A-cca n'essun'e fess'!" gesagt hatte, wie er mich mit dem Kaffeepreis übers Ohr hauen wollte. Er hatte die einzige Bude in Pozzallo, die über Leuchtstoffröhren verfügte. Er brannte sie immer, weil nicht viel Licht durch den Perlvorhang kam und es netter aussah, weil sie sich in den Chromflächen der Espressomaschine spiegelten und die Leute dann mehr konsumieren, denn er hatte ja auch große Regien. Er trug eine Art gestreiftes Sträflingskostüm, braun und weißlich. Nach seiner Meinung trugen Cafetiers immer Braun und Weiß gestreift. Unter der Theke döste ein Bettler mit Patriarchenbart.

„Nuncia ist Donnerstag heim – mit'm Alten", sagte Gennaro, „der Geizhals hat noch die Läden vernagelt – damit die Scugnizzis wohl glauben, sie könnten drinnen was finden." Wieder Pause. „Wie wirst du heimkommen in deine Zeichenbude?" Er war sich sicher, dass ich für die Russen das Land vermessen hätte.

„Hab nichts mehr zu suchen drinnen."
„Und die Landkarten?"
„Wie oft hab ich dir gesagt, dass das Unsinn ist!"
„Schon gut." Was er wohl wahrgenommen hatte?

Dann wollte auch der Bettler mit dem Rauschebart etwas sagen, aber etwas schien ihm im Hals zu kleben, und er räusperte sich angestrengt. Es riss etwas ab in den Luftwegen und kam ihm hoch. Er schluckte es und sagte dann, dass der Alte Annunciata wohl noch vor Ragusa totschlagen werde, weil er nichts mit der Polizei zu tun haben wollte, und auch er selbst würde sich lieber ein Messer in den Hals stechen, als mit der Polente etwas zu tun zu haben.

Annunciatas Haus war wunderbar – wenn der Alte nicht da war. Es hatte einen kleinen Hof mit viel Grün, mit einer Steinbank, einem Gipsmännchen und einer herrlichen Araukarie. Im Stock mündeten nur Türen auf den Hof und jede hatte einen winzigen Balkon aus gedrehtem Eisen. Um die Türen herum waren reiche, weiße Profile aus Stuck gewesen, wie es die Spanier liebten, aber die meisten von ihnen waren abgefallen. Oben, wo Nuncias vier einsame Bücher standen, brannte immer ein Petroleumlicht auf dem Boden, und die Schatten des gedrehten Eisens und die Schatten der Araukarie zerknitterten die zerfallenen Profile der drüberen Wand und gaben dem Ganzen etwas unwirklich Prächtiges, strotzende Üppigkeit eines Verfalles, jene große Einsamkeit, von der die Menschen dieses Hofes zu leben schienen. Früher hatte sie eine Prinzessin werden wollen und jetzt eine Künstlerin, vielleicht auch eine Tänzerin, denn manchmal bekam man in Ragusa einen amerikanischen Film zu sehen. Eines der vier Bücher war „La guerra del Vespro Siciliano" (von Amari, wenn ich mich recht erinnere). Der Stiefvater legte Wert darauf, dass sie es las. Das zweite war eine gekürzte Ausgabe von Dumas' „Das Halsband der Königin" (italienisch), sie hatte es heimlich von der Mutter geliehen, das dritte waren französische Geschichten, für die Oberstufe bearbeitet mit Fußnoten, und das letzte lag immer mit der Titelseite nach unten, ich hätte es eigentlich nie sehen sollen. Nuncias Haus war jedenfalls wunderbar, aber das war auch schon wieder vorbei.

„Pestillenza", sagte der Alte, und er würde sich lieber in den Hals stechen lassen, als in die Hände der Polente zu geraten. Aber dann rief Gennaro herüber, dass ich nicht hinhören sollte, weil er's nicht recht im Kopfe hätte.

Als ich aufbrach, fragte mich der mit dem Patriarchenbart noch, wo ich hinwolle, und als er es erfuhr, sah er mich geringschätzig an und sagte: „Nur Hunde und Deutsche gehen mittags auf die Straße."

Wie ich mit dem Wagen um die Ecke bog, im Sonnenglast, beim Esel vorbei, sah ich die Läden, die vernagelt waren, und den regelmäßigen Wipfel der Araukarie, die aus dem Hof in die flimmernde Luft ragte, und ich nahm Abschied von einer ganzen Menge besonderer Dinge.

Vom Hauptplatz muss man zweimal links, wo dann die Straße nach Sampieri lange zwischen den Mauern der Gehöfte, dann zwischen den Mauern der Pflanzungen der Bahn entlangführt. Als ich stehen bleiben musste, um den Bahnschranken aufzuheben, klaubten sich zwei Gesellen zusammen aus dem Schatten der Opuntienhecke. Ein Bursche und ein Junge. Sie halfen mir den Schranken hochzuhalten, damit ich mit dem Wagen darunter wegkonnte, und baten mich, sie mitzunehmen, nach Sampieri oder Scicli, wo ich eben gerade hinführe. Zugleich kam uns ein Bauer nach, bloßfüßig, und trug ein Säckchen mit einem Stock über der Schulter. Ich sagte ihm, er solle dazusteigen, denn so ginge es schneller. Als ich die Maschine wieder anwarf, blies die heiße Luft herauf, und alle lächelten, und der Bauer zog seine Füße vom heißen Blech zurück und sagte, dass es heute sehr heiß wäre.

Ich fuhr ganz an der linken Straßenkante, weil dann manchmal der Schatten eines Ölbaumes über uns hinweghuschte. Alle lobten den guten Einfall, aber es war in Wirklichkeit ganz nutzlos. Man hatte nur das Gefühl, langsam in Sülze eingeschmolzen zu werden, erst die Arme, der Hals, dann der Kopf, das Auto und die Straße, und es schien, als würde außen über diesen erhärteten, gelierten Block lautlos, zusammenhanglos die Landschaft herunterrieseln, Ölbäume, Steine und Kakteen. Bald nach der Abzweigung nach Modica begann plötzlich einer zu schreien. Der Bauer, er wollte aussteigen, er wollte nach Modica. Im Sand lag eine überfahrene Schlange.

Den Rest des Weges versuchte sich der Bursche mit einer Unterhaltung. Er erzählte, dass er in Syrakus die Stelle bei einem Automechaniker aufgegeben hätte, weil der Boss rabiat geworden wäre und nie bezahlte. Nun würden sie wieder weiterziehen. Er und sein kleiner Bruder. Er müsse nämlich für den Kleinen sorgen, weil die Mutter weggestorben sei im letzten Jahre. Ich wollte schon sagen, dass sie mit mir kommen sollten, weil die Benzinleitung am Lastwagen, der draußen bei den Zelten stünde, nicht in Ordnung sei. Aber ich sagte nur, dass draußen an der Küste von uns Zelte stünden. Darauf beschlossen sie, mit mir zu fahren.

Vor Sampieri war noch ein Rest von Strandleben, und ich traf Mario mit seiner Freundin. Ich bat sie, ob sie mir nicht meine letzten Dollar wechseln wollte, denn ihr Mann war seit einem Jahr in Amerika. Es waren wohl unsere letzten paar Dollar, aber ich musste sie wechseln, denn die restlichen Lire hatten doch die nach Lampedusa mitgenommen. Sie tat es gern und steckte sich die Noten unter den Badeanzug. Mario nahm mich zur Seite und wollte wissen, was ich da für Leute mithätte. Ich konnte es ihm aber nicht recht erklären.

Im Lager waren die zwei Übrigen sehr froh über den Besuch und die Abwechslung und hießen sie herzlich willkommen.

Die Tage, die folgten, sind in meiner Erinnerung wie aus einem Guss. Die Neuen waren fröhlich und gefällig, sie stellten keine Ansprüche, und keine Arbeit war ihnen zu schwer. Morgens zogen sie aus, um frische Kaktusfrüchte zu sammeln, aus denen sie mit etwas Öl und Mehl einen seltsamen Kuchen machten. Den ganzen Tag über arbeitete der Ältere an den Autos herum, und sie sahen bald wieder neu aus, und alles an ihnen funktionierte. Sogar die Benzinleitung im Lastwagen war bald wieder in Ordnung. Als wir erklärten, dass wir ihm für die schwere Arbeit nichts geben könnten, lachte er und sagte, dass er es aus Freundschaft mache und dass er ohnedies weiter nichts zu tun hätte. Nach Siracusa wollten sie nicht zurück, und es sei ungewiss, ob sie in Modica oder Ragusa gut ankommen würden. Der Junge saß den ganzen Tag beim Kochen. Er bereitete alles in einer kleinen Grube im Sande. Er schnitt aus leeren Konserven lange Bratbleche und zauberte mit den geringsten Mitteln und einigen gestohlenen Pfefferoni die vorzüglichsten Pizzas, Crocchettis und Stufatinos.

Es war wunderbar, ihm zuzusehen. Er fachte in seiner Grube trockene Agavenstängel zu leuchtender, flammenloser Glut, steckte dazwischen die Pfefferonis, fingerte sie brennheiß heraus, zog sie rasch durch Öl und Mehl und ließ diesen Überzug über der Glut erstarren. Rohen Kartoffelbrei verwandelte er auf seinen kleinen Blechplatten zu knusprigen Fladen und verfertigte mit etwas Fisch und Zucchini kunstvolle Gerichte.

Die Bauern blieben damals aus, und wir fürchteten schon, dass sie durch unseren Zuwachs vergrämt worden wären.

Wenn wir unseren Burschen nach Sonnenuntergang zu langweilig waren – wir plauderten damals gerne oder schrieben Tagebücher –, so sorgten sie für Abwechslung. Einmal machten sie Feuer mit trockenem Dornzeug, das sie den ganzen Nachmittag über gesammelt hatten, und ließen in der Nacht brennende Papiertüten fliegen, einmal zeigten sie uns Fantasietänze, und ein andermal wetteten sie, sie könnten ohne Licht einen Polypen fangen. Natürlich brachten sie das nicht zuwege, aber es gab lange Zeit Geplantsche, Geschrei und großes Vergnügen.

Niemand kam damals, nicht einmal Mario oder der Präfekt. Aber das machte nicht so viel, sie vertrieben uns die Zeit gut. Es waren nette, fröhliche Leute. Wir ließen sie in einem leeren Zelte schlafen und borgten ihnen am Morgen die Seife, weil sie unser Waschwasser immer frisch von weit her schleppten. Einmal hatte man ihnen keines mehr geben wollen. So etwas war uns natürlich noch nicht untergekommen.

Aber eines Abends waren sie ganz gedrückt und sagten, dass sie nun doch wieder weitermüssten. Morgen früh würden sie aufbrechen, und der Maler schenkte ihnen für alle gute Hilfe eine neue Schlosserhose. Am nächsten Morgen waren sie verschwunden – und mit ihnen unsere letzten paar Lire.

Gegen Nachmittag kamen wieder unsere Bauern. Sie segneten uns und sich selbst, dass wir alle endlich diesen bösen Menschen entgangen seien. Als sie das Ende der Geschichte erfuhren, liefen sie rasch um einen großen Korb frischen Obstes, sagten, dass alle von ihnen damit gerechnet hätten, und versprachen, so lange umsonst für uns zu kochen, bis wir wieder zu Geld gekommen wären. Das sprach sich dann bald herum, und am Abend kam Mario und bot uns alle seine Ersparnisse an. Er hätte das natürlich vorausgesehen. Und in der Nacht kam der Präfekt, schüttelte uns die Hände und sagte, dass wir auch auf seine Hilfe rechnen könnten, was da auch immer komme. Und er erzählte, dass die beiden Strolche in Modica wieder hinter Schloss und Riegel seien, denn sie hätten versucht, einen Händler zu bestehlen. Seit Sampieri, wo sie heute Morgen durchgekommen waren, seien sie verdächtig gewesen. Seine Leute hätten das Gesindel nicht mehr aus den Augen gelassen – denn einer von den beiden hatte eine neue Schlosserhose getragen.

Impressionismus und Expressionismus, Logik und Unbewusstes

Frisch geschriebene Geschichten las ich aufgefordert der Familie vor, und mein Vater wünschte sich, dass ich eine im Rahmen einer unserer Abendrunden vorläse. Anlass war die Anwesenheit von Herrn *von Luithlen*, der als besonders kultivierter Literat galt. Also las ich. Man wartete auf sein Urteil. Und als ich geendet hatte, meinte er maliziös: „Ah, impressionistischer Expressionismus." Das klang in einer Künstlerrunde nicht gut. Schließen die beiden einander nicht aus?

Viel später gab es reichlich Gelegenheit, über die Formen von Wahrnehmung und Erleben nachzudenken; was wir für wahr nehmen und beleben. Etwa wie viel wir träumen, auch wenn wir uns für wach halten. Oder wie viel wir deuten, wenn kaum etwas zu deuten da ist. Aus allem machen wir Gestalten und Zusammenhänge; besonders dann, wenn sie dunkel sind. Richtige Prognose wirkt lebenserhaltend, macht sogar Lebenserfolg. Daher ist Deutung notwendig; und eine unsichere noch immer besser als gar keine.

Zu den Merkwürdigkeiten unseres Gehirns zählt die Spezialisierung seiner Hälften. In der linken sitzen gemeinsam Sprache und Bewusstsein, in der rechten, sprachlos, die nichtbewusste Welt der Kreativität. Sie macht aus Sternen Sternbilder, aus Baumhöhlen und Tropfsteinen Gesichter und Gestalten; und malt sich die Welt so impressionistisch wie expressionistisch.

Die rechte malt, die linke schreibt die Bilderklärung. Natürlich wirken sie zusammen. Was die rechte zusammenreimt, kommt über die „Brücke" im Gehirn, das *Corpus callosum*, in die linke, als das „Aha-Erlebnis", die Wahrnehmung eines Lösungs-Angebotes, und wird dort rational zerlegt, geprüft, oft sogar formulierbar.

Auch unsere Logik kommt dort her. Sie entsprang schon mit der Philosophie des *Aristoteles* dem Bedürfnis, unsere Sprache eindeutig zu machen, von Antinomien, von Widersprüchen, die ihr möglich sind zu säubern; wie etwa in dem Satz: „Ich bin ein Lügner." Nur richtig und falsch sollten gelten, ein Drittes nicht: *tertium non datur*. Dabei beginnt jeder unserer Zugänge, jede Deutung der Dinge unserer Welt mit Ungewissheit und tastet sich oft über Belanglosigkeiten und endlose Irrtümer zu etwas, das dann Bedeutung haben soll: jedenfalls gedeutet – expressionistisch wie impressionistisch.

*

Ich glaube, man sollte, wenn schon von dieser Logik die Rede ist, noch einen Zusammenhang verfolgen, der, weil er im Sprach-Relativismus beginnt und im Kultur-Relativismus endet, für uns merkwürdige Folgen hat.

Unsere Ausstattungen, menschliche Universalien, reichen bis in unsere Sprachen. Alle, auch die ganz exotischen, trennen z. B. in Nomen und Verben; davon war schon die Rede. Die griechische Syntax, welche die Sprachen um das Mediterran beeinflusste, lässt deren Überführung ineinander nicht so leicht zu wie in den Sprachfamilien um den Pazifik. Es hat sich darum ein Kunstwort ausgebildet, das zwar keinen Inhalt hat, aber die beiden verbindet: im Deutschen „ist" und „sein". Etwa: „Der Mensch ist sterblich."

Das hat den logischen Schluss nahe gelegt: „Alle Menschen sind sterblich. *Sokrates* ist ein Mensch, ergo ist *Sokrates* sterblich." Aber was wussten die Griechen über die Grenze zwischen den sterblichen Menschen und den unsterblichen Göttern mit all den Viertel- und Achtelgöttern? Und konnten sie wissen, ob *Sokrates* nicht doch ein Halbgott war? Man hat bald bemerkt, dass die gewonnene Einsicht aus dem Schluss nicht besser sein kann als die Gewissheit über die beiden Prämissen. Aber nicht die Skepsis hat sich durchgesetzt, sondern der durch den Schluss suggerierte Gewinn. Wer ihn nicht verwendet, gilt als ungebildet.

Naturvölker verwenden ihn nicht; auch unsere Kinder nicht. Erst ab jener „Cartesianischen Wende", die sie in der Schulbildung zwingt, ihn anzuerkennen; ähnlich wie die vereinbarten Regeln der Arithmetik und der Syntax. Wir nähern uns dem Sprach-Relativismus.

Was sich unsere Sprachkultur damit eingehandelt hat, ist der Irrglaube, man könne auch komplexen Dingen durch Schärfung einer begrifflichen Grenze, wir nennen das Definition, entsprechen. In Wahrheit decken sich die Grenzen der Merkmale, die ein komplexes System umrahmen, nie vollständig. Man denke nur an die Grenzen zwischen Baum und Strauch, Hütte und Haus. Selbst Säugetiere gibt es, die Schnäbel haben und Eier legen wie Vögel, das Schnabeltier, und solche ohne jedes Haar, die Bartenwale.

Begriffe über komplexe Dinge sind eher mit den Höhen einer differenzierten Landschaft zu vergleichen, die sich im Ganzen wie nach all ihren Seiten sehr unterschiedlich von ihren Nachbarn abgrenzen.

Im Gegensatz etwa zum Chinesischen sind unsere Sprachen durch eine „definitorische Logik" gekennzeichnet, wohingegen das Chinesische die Übergänge offen lässt und die Mitte des Begriffes verdeutlicht; vergleichsweise eine „transitive Logik". Das führt zum Kultur-Relativismus.

Was wir uns damit eingebrockt haben, ist die Suggestion, man könne zwischen Glauben und Wissen, Wissenschaft und Philosophie, sogar zwischen Natur- und Geisteswissenschaften eine eindeutige Grenze bestimmen. So haben wir alles zerlegt, anstatt, wie das Chinesische, zu Synthesen zu führen.

Und wenn man sich schließlich fragt, wodurch unsere Kultur mit solcher Fehleinschätzung dann die Welt überzogen hat, muss man eingestehen: nicht mit Weisheit, sondern mit wirtschaftlicher und militärischer Macht. Offenbar gewinnt man, wenn man die Dinge vereinfacht und leicht nimmt.

Wege, die die Welt bedeuten

Aktuelle Personen

Der Böse:	Barone Giovanni Pupuleo fu Guglielmo
Stein des Anstosses:	40.000 Lire (damals viel Geld für uns)
Komischer Held:	Der Autor

Historische Personen

Eine Römerin (2. Jahrh.):	Die Tochter des Direktors
Ein Araber (6. Jahrh.):	Ein Weinhüter, früher Schauspieler
Ein Spanier (15. Jahrh.):	Der Vizedirektor in Ruhe

Historisierende Personen

Italiener (20. Jahrh.):	Der neue Vizedirektor und der Präfekt

Nur eine Angabe entspricht nicht der Wahrheit: „Pupuleo" ist nicht der richtige Name, er wurde etwas verändert, um einem Mann, den ich zuletzt auch bewundere, nicht zu schaden.

I. Akt: Fahrt ins Leere

Seit etwa einer Woche waren also die angewiesenen Lire überfällig, was besagt, dass wir drei – ein Mechaniker, der Maler und ich – schon viel länger ohne jedes Geld an der Südküste saßen. Die Lage war jedoch eher komisch als ernst, denn wir besaßen gerade noch eine Kanne Benzin für unseren Jeep und tauschten Tabak und Gemüse gegen Polypen ein, die wir harpunierten, sowie für kleine Reparaturen und Bildchen, die meine Freunde verfertigten. Man hätte auch forthin so leben können.

Da als Überweisungsadresse Zelte ungeeignet waren, hatten wir das Angebot angenommen, die unseres Nachbarn, des ganz verarmten Baron Giovanni Pupuleo fu Guglielmo (d. h. „P., Sohn des verblichenen Wilhelm"), zu benützen.

Es war ein gewohntes Bild, dass er abends kam, bestürzt, um ohne sich abzunützen von der neuerlichen Verzögerung der

Überweisung zu berichten, und uns bewog, auf der Bank von Scicli nach dem Rechten zu sehen. Scicli ist ein kleiner Marktflecken, zwölf Kilometer landeinwärts gelegen, und die Straße dorthin windet sich im Tal durch den Sand, an den Hängen durch Schotter und über die Höhen auf nacktem Fels.

Lange vorbereitet hatten wir eines Tages die halbe Kanne in den Tank gegossen und waren aufgebrochen. Der Baron in Weiß. Sein braunes Adlergesicht war immer voll Spannung; so als wäre es in den Aufregungen der Sizilianischen Vesper erstarrt, jener einmaligen Aufwallung nie mehr ganz geglückter nationaler Willensentfaltung. Es war aber offenbar auch ihm ganz unklar, was sich hinter seiner Miene eigentlich verbergen sollte; sie war angewachsen.

Auf der nächsten der kahlen Anhöhen kam sein verfallendes, verlassenes Herrenhaus vorbei, mit einem Anflug von klassizistischem Barock um das Obergeschoss; früher das Herz einer der ungeheuren Latifundien, seit Unzeiten ein Dämon, und nun das Symbol der Vereinsamung, selbst der Verödung der sizilianischen Mitte. Die Initiale einer langen Geschichte.

Scicli ist merkwürdigerweise in einer Talsenke gelegen, und die Straße zieht, in spitze, enge Kurven gefaltet, steil hinunter. Hier kamen uns die Ochsengespanne und Maultiere häufiger entgegen, und der Baron hielt es für eine Ehrensache, ja er bestand darauf, all diesen geplagten Weggefährten in den Kehren den Vortritt zu lassen. Erst die Erfahrung lehrte, dass damit weder dem Verkehr noch den Bauern geholfen war. Es zeigte sich, dass sie in der Nähe des wartenden Wagens wie närrisch auf die Tiere eindroschen, wie Berserker an den Speichen drehten und kaum Zeit fanden, die Mütze zu einem devoten Gruß zu lüften. Einer jener kleinen Tricks also, die einem vor der Bühne zuvorkommender Gäste die eigene Machtposition in all ihrer finstern und wohltuenden Größe vor Augen führt.

Scicli – kaum auszunehmen im Geflimmer der Talsohle – ist gewiss aus Schamotte gebaut, jenen braunen Steinen, die – immer wieder durchglüht – die Hitze tief in ihre Poren saugen, um sie in der Heimlichkeit der Nacht wie Gift oder wie eine Krankheit auszuströmen. Sciclis Straßen haben es auch aufgegeben, sich durch Enge und Winkelwerk gegen die Strahlen der Sonne zu schützen. Sie sind in die Minderzahl geraten.

Nun würden wir uns rasieren lassen, erklärte unser Baron, und ich versteifte mich nie gegen Landessitten.

Kaum gerieten wir in die Reichweite des Ladens, als Giovanni von vielen Armen aus dem Wagen gehoben und fröhlich herumgepufft wurde. Er setzte sich kichernd zur Wehr, indem er mit den Fingerspitzen nach seinen Freunden stach, und konnte aber – weil er die Stufen hinauftänzelte – nicht verhindern, dass ihm die köstlich gelegte Frisur mit derber Hand nach vorne geklappt wurde. Meine Person – ein neues Mitglied – wurde, obwohl ich mir jede Prozedur an meinem Gesicht untersagte, auf einen der spiegelumgebenen Thronsessel gedrängt und möglichst oft mit akademischen Titeln wechselnder und schwindliger Höhe angesprochen, jenes probate Mittel, sich selbst Niveau und soziale Stellung zu verbessern. Den Raum füllte burleske Heiterkeit.

Der Barbierladen erwies sich so in der Hauptsache als eine etwas lockere Form von Club, der vom gewohnten Typus nur in zwei Punkten ein wenig abweicht. Erstens verwendet man zur Begründung der Zusammenkünfte einen Vorwand, der die Vorteile, den Schwindel der Nützlichkeit und den Glauben an Unverbindlichkeit vereinigt, und zweitens legt man sich nicht sklavisch auf bestimmte Mitglieder oder Tageszeiten fest. In den wichtigeren Punkten aber entspricht er ganz einem Club.

Beim rasierten Betreten der Bank benahm sich unser Freund aufdringlich und laut, während die Beamten verstohlen hinter ihren Akten hervorschielten, als wäre der Baron mit einem Grizzlybären eingetreten. Nicht, dass man im entlegenen Sizilien nicht oft wie eine Monströse begafft würde, nein, aber unverhohlen wie eine Ausgestopfte, niemals wie eine, die plötzlich losbrüllen oder explodieren könnte. Sehr verdächtig! Es wurde uns versichert, dass auf den gewünschten Namen nichts eingelaufen wäre, und wir fuhren heim – was ich für besser hielt.

Der Baron lobte mein souveränes Vorgehen, mir wurde langsam klar, dass man drauf und dran war, uns zu betrügen, und wir trennten uns bei den Zelten mit der Versicherung, die Dinge nicht ruhen zu lassen – wiewohl, die sizilianische Schlamperei –, man müsse auf alles gefasst sein.

II. Akt: Fahrt in die Konspiration

Ich stellte mir die Dinge damals zu kompliziert vor, da ich glaubte, Giovanni stecke mit einem der Buchhalter oder gar dem Direttore unter einer Decke. Das Gefühl der Machtlosigkeit aber, das mich auf Grund dieser Vorstellung überkam, verleitete mich, zu einer Waffe zu greifen, die sich unversehens als die schärfste überhaupt erweisen sollte. Ich ging nämlich zu allen, die ich in der Umgebung kannte, und erzählte diese mysteriöse Geschichte, wobei ich die Lösungsmöglichkeiten vorlegte und jeden davon selber eine ziehen ließ. Dabei zeigte sich dreierlei; dass nämlich die jeweils aussichtsloseste der Möglichkeiten bevorzugt, Pupuleo einhellig eine schwarze Seele zugesprochen und ich selbst zur populären Figur wurde.

Der Erste war unser Schauspieler, als er abends vom Weinhüten kam. Er war nicht überrascht und wollte beweisen, dass er das Geschehene längst hätte vorhersagen können. Er malte das Ereignis in arabischer Färbigkeit, und gewiss geisterten in ihm die profanen Ausläufer jener südöstlichen Dynamik, die in der bloßen Ausschmückung, damals in der Verzierung der normannischen Gärten und Schlösser, längst ihren kraftvollsten Ausdruck gefunden hat. War man unkonzentriert, so vermeinte man den Koran interpretiert zu hören, und wirklich, unser Thema war für ihn nüchtern, groß und tragfähig, und geeignet, Bilder skurrilsten Geschehens in seinen Flächen aufzunehmen. Er glaubte nicht an die Macht des Rechtes oder der Polizei, sondern er wünschte einen Aufstand religiöser Empörung. Er wollte dem Übel an die Wurzel, indem die Banken, ja die Geldscheine überhaupt, den Flammen gerechter Wut zum Opfer fallen sollten.

Ich bin sicher, dass dieselbe Kategorie, jener stark künstlerische Sinn für Abstraktion, der uns gerade damals zum Verständnis zu fehlen schien, bis zum Mittelalter verhinderte, in Europa ein halbwegs brauchbares Zahlensystem zu ersinnen.

Der Zweite verlor durch die Geschichte rasch die gute Laune. Der Präfekt, und er hinterließ den Eindruck, als seien nicht eigentlich wir die Leidtragenden der Ereignisse. Als er die Wachmänner aus der Stube geschickt hatte, erzählte er sehr wirkungsvoll die Geschichte des Barons, die vor allem Monte Carlo und Scicli zu einem düsteren Gespinst banaler Unentwirrbarkeit verband. Als Rekrut war ich einmal gemeinsam mit dem Dieb bestraft worden, weil ich meine Geldbörse in offenbar auffallender Weise in der Stube vergessen hatte. Und hier am Rande des großen, einheitlich gewollten Rechtsgebietes, durfte Unwissenheit schon gar nicht als mildernd anerkannt werden, das war ja klar. Er verfasste gewisse Orders, und ein Wachmann stahl sich darauf mit einem Brief und abgedunkeltem Fahrrad hinüber nach Scicli, was endlich wieder das Lebensnahe, Karikaturistische an der Situation hervorhob.

An einem Abend der nächsten Tage sprach ich den Dritten. Denn auf dem Heimweg bei den Strandhütten sagte ein feines Stimmchen aus der Dunkelheit:

„Dottore, der Commendatore möchte reden mit Ihnen!“

Das rohe Steinhaus umfasste zwei Gemäuer. Im ersten, schlauchförmigen, schälten zwei Mägde Gemüse, und die Schatten der Hände huschten riesig über die Decke, denn sie hatten die Lampe zu den Vorräten auf den Boden gestellt. Das zweite war eine Halle, deren ganze Einrichtung – ein Schaukelstuhl und ein stummer Diener – in der Mitte stand, um den Commendatore zu tragen und die Petroleumlampe, die im engen Lichtkreise des grünen Glasschirmes seine Lektüre beleuchtete. Um die Beine hatte er eine Decke geschlagen. Als ich eintrat, zerrte er mit zitternden Fingern die widerspenstige Brille von der Nase, und, wie ein hölzernes Symbol seiner künstlichen Einsamkeit, das Mädchen trug mir einen Stuhl nach. Er erwartete, dass ich wisse, worum es sich handle. Ich hatte keine Ahnung. So benützte er die seelische Umstellung, die offenbar für ihn notwendig wurde, zur Anbringung einiger komplizierter mimischer Bewegungen. Er war Vizedirektor der Bank in Scicli gewesen und wusste zu erzählen, dass mein Geld schon längst angekommen sei, nur nicht auf den Namen Giovanni Pupuleo fu Guglielmo, sondern fu Giuseppe, einer Person, die nicht mehr existiert, und er wusste, dass Giovanni, der uns diesen falschen, aber ähnlichen Namen angegeben hatte, täglich versuchte, sich in Besitz der Sendung zu bringen.

Das aber nur nebenbei, epigrammatisch. Hingegen wurde breit und unwirklich die Seriosität von Banken im Allgemeinen, der Direktoren von Scicli im Besonderen und in einer historischen Schau zur Darstellung gebracht, wobei sich unser Fall zusehends verkleinerte, um seinen Platz wahren Ungetümen barocker Bewegtheit, seinen Prinzipien von Recht und Kapital, zu überlassen. Die Stimmung gewann vielleicht etwas aus der Zeit der politischen Inquisition der Spanier, und gewiss lag die Angst vor dem Flackern der Nationalisten, dessen Bedeutungslosigkeit lächerlicherweise nie erkannt wurde, latent in seinen blassen Händen und in der Idee dieses Raumes. Als ein kleiner Geheimbündler – ein Gebiet, auf welchem wir Nordländer sehr wenig geleistet haben – wurde ich verabschiedet und beschworen, den eben geschliffenen Dolch sorgfältig zu verbergen.

III. Akt: Schlacht für die Gerechtigkeit

Damals habe ich die Macht des Wissens überschätzt. Ich befürchtete nämlich, der Höhepunkt der Ereignisse sei nun überschritten, als wir morgens den Rest aus der Kanne in den Tank gossen und zu dritt nach Scicli fuhren. Der Baron und der Schauspieler in Weiß. Alle entschlossen, der Gerechtigkeit, wie blutig auch immer, eine Schlacht zu schlagen. Ich genoss die Kraft der Bewegung, das Glühen des Horizontes und die Verdoppelung meiner Reisebegleitung, die wie ein guter Witz eines Zeichentrickfilmes wirkte. Nachdem wir unser Selbstgefühl in den Kurven vor der Stadt sowie im Club in bewährter Weise gestärkt hatten, fuhren wir vor die Bank und blickten sie feindlich an. Ich möchte wetten, wir waren das Musterbeispiel einer sich gründenden Mafia, jener unsteten Geheimbünde zur politischen Selbsthilfe der sizilianischen Barocke. Denn Ziel und Objekt verlangten von uns dieselben Gesichter, und wer weiß nicht, wie Wege und Ursachen – so verschieden sie immer sein mögen – in der Hitze zusammenschmelzen.

Der Oberbeamte, den wir uns vornahmen, behauptete – sicher mit Recht –, dass er über die Bankeingänge an Fremde keine Auskünfte erteilen dürfe; egal, ob die in Frage stehende Person nun existent wäre oder die Geburt eines Irrtums. Aber nach seiner Meinung sei sie nicht eigentlich existent im strengen Sinne und die Höhe des Eingangs 40.000. Mit all unseren Pferdestärken flitzten wir zur Wohnung des Unterdirektors, wo wir ihn natürlich nicht antrafen – um die Form zu wahren, wie ich nun glaube. Wir fanden ihn im Club, tief unter Seife. Hier muss ich abschweifen, denn das ließ mich verstehen, was diesen sizilianischen Einrichtungen die Existenz sichert. Es ist das die Unfähigkeit der Barbiere, sich endlich vom Konkreten zu lösen, die noch immer – in kleinmütigem Haften am Gegenständlichen – fast jeden der Eintretenden unter Seife setzen.

In dem Unterdirektor – er lud uns zu einer Schale Kaffee ein – entdeckten wir einen weit gereisten Mann, der den Irrtum durchschaute und dem es keine Schwierigkeiten bereitete, die Nichtexistenz des Empfängers nachzuweisen. Er würde nun einfach, da die gestattete Lagerfrist für Überweisungen überschritten sei, die Sendung mit der Bitte an den Absender zurückgehen lassen, selbe mit berichtigter Adresse wieder anzuweisen. Hier galt es, Sinn für Humor zu bewahren, denn der Absender war ja nicht eigentlich existent, er war längst nicht mehr in Italien, und es hätte meine Kräfte überstiegen, ihn dahin zurückzubringen.

Es war der seltene Fall eingetreten, in welchem die Rakete die Gravitation des Absenders verlassen, die des Empfängers aber verfehlt hat und nun verurteilt war, mit kosmischer Geschwindigkeit und für immer nutzlos durchs leere All zu geistern. Unsere Rakete würde sich aber an den Rauigkeiten der Erde, den krummen Wegen italienischer Postzustellung, gefährlich abnützen, und es war vorauszusehen, dass sie im Gebrodel des nationalen Geldverkehres eingeschmolzen werden würde. Das alles wurde verstanden und der Beschluss gefasst, einen neuen – wie mir schien –, gedachten Planeten vorübergehend in den Raum zu setzen, der (in der Person des Unterdirektors) befugt war, die Destination unseres Kometen zweckmäßig zu korrigieren. Gewiss waren die Hemmungen, die solchen Lösungsversuchen immer entgegenstehen, weitgehend durch die Tatsache gemildert, dass dazu Gottes (des Direktors) Zustimmung einzuholen war. Aber immerhin war es ein Ansatz zu kraftvollen Leistungen. Eine Souveränität in der Überwindung seiner eigenen Prinzipien, die sich wohltuend von jener im Hermelin des so genannten festen Charakters verborgenen Orthodoxie des Nordens abhebt.

Ich wurde also mit einem Formular versehen und an die Privatadresse des Direktors (Donna Lucata 38) gewiesen. Donna Lucata, aus den Wohnungen der Sommerfrischler bestehend und einigen kleinen Herrenhäusern, ist ca. acht Kilometer südwestlich an der ganz flachen Sandküste gelegen. Mein Treibstoff konnte dort hinaus nicht mehr reichen: So wollte ich zu Fuß losgehen. Das wäre unversehens ein harter Schlag gegen meine Begleiter gewesen, mitten im letzten Akt die bezahlte Loge verlassen zu müssen, und sie bestritten also gemeinsam die Kosten für Unterhalt und Fortbewegung, was uns die Begleitung eines abgeordneten Polizeioffizieres eintrug.

Nach Donna zieht eine Betonstraße, die wir rasch hinuntersausten. Unten, an den weinüberwachsenen Häusern, endet die Straße mit einem letzten, großartigen Betonblock, freiheitlich wie eine Sprungschanze, und einen halben Meter tiefer verloren sich einige Fahrgerinsel im Schotter zwischen den Agaven. Man hat hier auf die Warnungstafel verzichtet, denn erstens will man sich den Mut nicht nehmen, doch noch weiterzubauen, und zweitens fährt hier ohnedies niemand. Mit Geländegang und gemächlich schaukelnder Maschine erreichten wir die Küste. Es war nicht mehr weit.

Dann ging es durch eine schotterige Gasse und über den sandigen Dorfplatz. Meine weiß gekleideten Freunde legten die Beine auf die Kühlerhaube, während der Offizier stand, die Arme in der Fahrtrichtung schwenkte und mittels einer enorm schrillen Trillerpfeife alle etwa noch nicht auf unseren Einzug konzentrierte Aufmerksamkeit systemvoll auf uns lenkte. Beim Haus des Direktors sprangen wir ab und drangen ein. Wir hatten uns einen grandiosen Auftritt gesichert. Der Direktor selbst schälte sich erst nach der dritten Dienerbarrikade hervor, behauptete, meinen Besuch erwartet sowie sich darauf gefreut zu haben, unterschrieb den Zettel gleich auf dem Rücken unseres Offiziers (wobei er einige Male durch das Papier stach) und war – glaube ich – froh, uns wieder los zu sein.

Aber nun wollte niemand so rasch wieder heimkehren, weil man doch schon da wäre, und was bedeute ein halber Tag gegen so viel mühelos gewonnenes Geld. Ein zwingender Gesichtspunkt.

Meine Begleiter entschwanden im Getümmel der versammelten Menschenmenge, und ich fuhr an den Strand. Ich badete, ich spielte mit Jungen, ich langweilte mich. Zwischendurch machte sich ein kleiner Junge an mich heran, und das bisschen Deutsch, das er hervorbrachte, war von ausgesuchter Höflichkeit. Des Spaßes Lösung war seine Schwester; im Tessin erzogen, überraschend gut orientiert über den Grund meines Besuches sowie meinen Aufenthalt in Sizilien. Es kam heraus, dass sie – Tochter des Direktors – mit Freundinnen für heute Nachmittag Eiscreme gemacht hätte, denn sie wussten seit einer Woche, dass ich wohl heute hätte kommen müssen. Ich habe damals sehr gerne angenommen. Und wäre ich auch heute nicht gekommen – wurde mir erklärt –, so hätten sie Papa bestimmt, zu mir und Onkel Commendatore nach Punta Reciglione zu fahren.

In Donna empfing uns lächelnd der Direttore, nahm mich zur Seite, sagte, dass er den Kindern diese Freude hätte nicht verwehren dürfen, hoffte, sie würden mir nicht über werden, und entschuldigte sich – der Arbeit wegen. Ich habe ihn nie wieder gesehen.

An diesen Nachmittag in seinem Haus erinnere ich mich mit ungewöhnlicher Deutlichkeit. Der dämmrige Raum mit dem Flügel öffnete sich mit breiten Türen in den ersten Stock des Peristyl, den Bougainvilleen, Glyzinien und Efeu mit einem Gespinst satter Farben überzogen, in den von unten her die eigenwillige (und etwas schäbige) Krone einer Banane ragte. Ich war überrascht, wie gut hier Chopin seine neue Umgebung bewältigte, die offenbar von ihm verlangte, in amüsanten Sprüngen die Palme zu erklettern, bravourös über die Brüstung zu balancieren und glitzernd in den Lichtern des Blätterdaches zu tanzen; und wie er, immer aufs Neue verjagt, bereit war, wiederzukommen, sobald die römischen Gesichter die Eiscreme nur wieder abgesetzt hatten.

Ich entdeckte, dass sich Unverstand zwanglos auf eine Art Überlegenheit stützen kann, auf die Idee, Werte nicht zu schaffen, sondern kraftvoll zu benützen, auf eine Welt, in der das glänzende Wort mehr wog als die irrationale Zahl, geschriebene Rechtsordnung mehr als Philosophie. Aber gewiss, Roms System hat sich bewährt. Ein Bündnis mit der Materie, und auf geistigem Gebiet (über den kleinen Umweg grandioser Machtentfaltung) wurden zum Mindesten die Geschichtsschreiber gefördert. Die Ergebnisse abstrakter Entfaltung sind gehaltlos (oder bestenfalls leicht erotisch) wie die Fresken in Pompeji. Aber das ist alles kleinlich, denn das Imperium hat andere Sorgen, und gilt es auch nur mehr der Sorge seiner ersten und nun wieder letzten seiner Provinzen, Sizilien. Während der ganzen komischen Vorführung sah ich den Direttore vor mir, dicht unter uns beim Arbeiten. Meine lustigen Mädchen hatten neben weltweit verbreitetem und erfrischendem Backfischunsinn aber noch die feine Glasur einer entschlossenen Großartigkeit, die sich aber in der Spaßigkeit dieser letzten Provinz nicht mehr recht zu behaupten wusste.

*

Die Sonne mochte gerade den Horizont verfärben, als ich mich durch goldene Lichter und drei Etappen von Dienern hinausschleuste nach Sizilien, auf den sandigen Hauptplatz. Hurra! Freudige Boten der geenterten Erde, meine drei Freunde warteten bereits. Sie hatten sich um zwei Kavaliere vermehrt, und wir alle fuhren gen Scicli, überwältigten spielend die wenigen Beamten und überzählten mit großem Aufwand von Nachlässigkeit mehrmals den erhaltenen Betrag.

Nachdem wir uns von Bank und Polizei getrennt hatten, baten meine zwei Freunde um die Rückerstattung des Betrages für Treibstoff und Mittagessen, denn sie hatten offenbar die psychologische Wirkung von Banknotenbündeln gänzlich unterschätzt, und die letzten Wölkchen leichter Gedrücktheit zerstoben, als ich keine ernstlichen Schwierigkeiten machte.

Es war Nacht, als der Jeep mit uns fröhlich hinunterschlenderte nach Sampieri. Wir waren alle sehr zufrieden. Es war gewiss ein großer Spaß gewesen, potztausend, und gut gemacht, was? Schade, dass das vorbei war.

In Sampieri wurden wir angehalten. Polizei. Der Präfekt mit unheilschwangerer Miene. Pupuleo und der Schauspieler hatten sich nicht zu rühren, und ich wurde in die Wachstube eskortiert.

„Haben Sie Ihr Geld?“, zischte der Präfekt.

„Ja“, sagte ich überrascht. Der Präfekt strahlte, riss sich die Mütze herunter und wischte den Schweiß ab. Alle zogen wir dann an den Strand ins Lo Chalet, und ich leistete eine Runde. Der Gerechtigkeit war die Schlacht gewonnen. Mein Gott, was wir zu erzählen hatten …

Gerechtigkeit ist uns ein wichtiger Begriff. Darüber war viel später in manchen Symposien zu referieren. Aber es ist merkwürdig, dass er weder in der Natur einen Sinn hat, noch in der Jurisprudenz vorkommt.

Man kann weder dem Efeu vorwerfen, dass er allmählich einen ganzen Baum erstickt, noch der Bienenkönigin, nur Arbeiterinnen um sich zu haben. Erst sobald der Mensch aus der Tierwelt tritt, gewinnt der Begriff Gewicht. Aber im „Positiven Recht", eine Erfindung, die in fast all die klassizistischen Tempel der Gerechtigkeit eingezogen ist, wird Gerechtigkeit durch das „geschriebene Recht" ersetzt; was der Souverän innerhalb seiner Souveränität für Recht hält. Das ist wohl etwas anderes. Aber es ist freilich schwer, zu sagen, ob es ungerecht ist, materiell nichts, dafür aber eine quallige Nase geerbt zu haben.

Es haben sich wohl einige natürliche Prinzipien erhalten. Man findet sie in den „Rechtsgüter-Ordnungen" der Verfassungen erhalten: „Leben vor Gesundheit und Gesundheit vor Besitz." Es ist also recht, seine Gesundheit für eine Lebensrettung zu riskieren und etwas an Besitz für einen Kranken. Damit ist es mit der Natürlichkeit auch schon vorbei.

Es ist dem gegenüber auffällig, dass schon am Beginn unserer Kultur, der griechischen Demokratie, die Fremdsprachigen als „Barbaros" (Brabbler, Barbaren) gering geschätzt wurden, und merkwürdig, dass unsere Zivilisation auch innerhalb eines Ethnos stets eine Zweiteilung der Menschen hingenommen hat.

Schon die großen Philosophen des Altertums fanden nichts an der Teilung in Bürger und Sklaven; obwohl sie vielfach von gebildeten Sklaven erzogen wurden. Das Prinzip hat dann bis in den amerikanischen Bürgerkrieg die scheußlichsten Formen angenommen. In Europa gliederte man in Lehnsherren und Leibeigene; und überall noch in Arbeitgeber und Arbeitnehmer. Also solche, die sich als Bittsteller anzustellen haben, um an der Wertschöpfung ihrer Gesellschaft teilhaben zu können.

Selbst die amerikanische Demokratie, mit der von ihr gewünschten Vorbildwirkung, so erinnert uns *Noam Chomsky*, wurde auf der Basis des Prinzips gegründet, das von *James Madison* in der Verfassung gebenden Versammlung von 1787 erläutert wurde und besagt, dass die Hauptfunktion der Regierung darin besteht, „die Minderheit der Begüterten vor der Mehrheit zu schützen". Das hat sich erhalten; bis an die Ränder unserer Kontinente; und selbst in den Seelen der Menschen. Wir kompensieren das mit den seltsamsten Spielen, haben aber offensichtlich dazuzulernen.

*

Von *Winston Churchill* ist die Einsicht bekannt, dass die Demokratie die mieseste Regierungsform sei, allerdings mit Ausnahme aller anderen Regierungsformen. So nehme ich die Gelegenheit, in diesem Nachspann, wie schon eingeführt, nochmals über die Sache zu reflektieren.

Wir Menschen sind, wie erwähnt, über eine Jahrmillion an der Kleingruppe sozialisiert und mit unserer Anlage von der Massen-Zivilisation überrannt worden. Wir haben zwar, von Tyrannen ausgehend, über Feudalherren und Republiken die parlamentarische Demokratie erlernt. Aber man kennt die drei Malaisen dieser Einrichtung, der ich, sie von außen besehen, noch eine hinzufügen will.

Bekannt sind die Schwierigkeiten der Minoritäten. Wie sollen sie ihre Sache durchsetzen? Nur lauter schreien? Streiken? Da aber würden die Aquarellisten verlieren, die Müllabfuhr hingegen immer gewinnen. Stimmen, sagt man, gehörten nicht nur gezählt, sondern auch gewogen. Die der Aquarellisten oder der Müllkutscher?

Wie viel Prozente der Stimmen sind für gravierende Entscheidungen erforderlich? 51 % dürfen wohl nicht über 49 % die Todesstrafe verlangen. Also was? Genügen zwei Drittel, wie das manche Verfassungen festlegen? Und wer bestimmt die Gradienten solcherart Gewichte?

Das größte Problem der Demokratien besteht darin, dass sie

Gefahr laufen, zu einer Diktatur der Dummen zu werden. Ich habe aber den Eindruck, dass der Hochschul-Abschluss die Lösung auch nicht sein kann; und zwar deshalb, weil ich das Rigorosum in Philosophie fast nicht bestanden hätte.

Aber zurück zum Ernst der Sache:

Unsere Demokratien haben das, was ihr Name verspricht, noch gar nicht erreicht oder sind davon abgekommen. Im Grunde sind sie Formen von „Wechsel-Oligarchien". Viele Bürger wählen das vermeintlich geringere Übel. Und sollte dieses zum Zug kommen, zaubert die Partei Leute aus dem Hut, von welchen man noch nie gehört hat; und diese erlassen, unter Protest der Opposition, jahrelang Gesetze, bis die anderen drankommen. Denn die Verantwortung für Minister ist für unsere Ausstattung zu groß. Wenn sie Unheil gestiftet haben, entlässt man sie daher ja auch ungeschoren in Frühpension.

Not täte uns „direkte Demokratie", durchgehende Subsidiarität; gleichmäßige Verteilung der Verantwortung über persönliches Kennen und den Handschlag, vom Bürger über eine Hierarchie von Wahlmännern bis zur Regierung. Die uns so gefährdende anonyme Entscheidung könnte sich in ihr auflösen. In der Schweiz habe ich das noch erlebt, wo die Menge am Hauptplatz des Städtchens die Parolen wechselweise mit Jubel oder Empörung und mit lebhafter Diskussion quittierte. Dahin mag noch ein langer Weg sein.

Das Licht überm Land

„Das Licht überm Land“ schrieb ich schon unten in Sizilien. Es war die erste Geschichte, die ich versuchte, und ich wollte, dass sie für die ganze Insel reiche.

Erst zu Hause lernte ich einsehen, dass sie zu wenig war, und dass man erst eine Menge herumzureden hatte, bevor man an das wirklich glaubte, was ich da unten so leicht und ein wenig großspurig zusammentragen konnte.

*

Conca d'Oro, die „Goldene Muschel“, in der Palermo sich bettet, lag dämmrig umwoben von tief hängenden Wolken. Mosaike schwarzer Schirme und die regennassen Dächer der Kutschen drängten sich an der Mole. Vom byzantinischen Kastell rasselten die Verladearbeiten und von der Silhouette des Pellegrino, wo *Hamilkar* die Römer belagerte, blinkten nur mehr stumpfe Verkehrszeichen für Golf und Hafen.

In den Vororten randalierten gebügelte Männer um die Lichter winziger Kneipen und zogen sich an den Krawatten. Eine junge Frau huschte dunkel zurück in das Haustor. Erst unter den Palmen und Lichtreklamen des Corso überschlug sich ein verwirrendes Leben, herausgemacht und ungezügelt. Die steinerne Pietà in der Via Maqueda schmückten bunte Neonröhren, und die Passanten stiegen über die Waden der Betenden oder über jene, die dabei eingeschlafen waren. Die Bettler aber lagen still in ihren Ecken, dürr und tausendjährig, fern ihren lärmenden Brüdern von Neapel, wie die normannischen Mumien dicht unter dem nassen Pflaster ihres Bettes.

Auf der Bahn gab mir ein Beamter einen Zettel, auf dem stand, dass mein Gepäck bereits auf Sprengstoffe untersucht worden sei. Man, so sagte mir gleich der Nächste heimlich, man würde eben Giuliano einkesseln. Jener Beamte allerdings, der seitens der Regierung mit dem Verkaufe von Rundreisebillets betraut war, befand sich seit unbekannter Zeit auf Urlaub, und wer sollte wissen, ob er nochmals zur Bahn zurückkehren wollte.

Nerina, in der schmutzigen Locanda unterhalb des Domes, war von unglaublicher Schönheit, arabischer und spanischer. Sie erklärte mir später, dass Palermo die farbloseste Stadt der Erde sei, und dass man schon nach Messina oder besser noch nach Cosenza an den Kontinent gehen müsse, um einen Begriff von der Welt zu bekommen. – Und da die Männer unten an der Theke (mit kühnen Gesichtern und feinen Stirnen) wieder randalierten und sich die Hüte über die Ohren zogen, gab ich zu, dass man höchstens bis Cosenza gehen dürfe, um Sizilien noch zu verstehen.

Mein Waggon war längst voll von nassen Menschen, Ziegen und riesigen Bündeln, und die dünnen Spalten dazwischen von einem beizenden Odem, den wir nun viele Stunden durch viele Lungen zogen. Eine alte Frau wollte mir Platz machen.

Der Blonde war vom Kontinent, das war klar, er sprach auch nur italienisch wie alle Nordländer – zählt also zu jenen, die den Krieg gewonnen haben. Zuerst waren doch die Australier da, dann kamen die Deutschen und die Amerikaner – nein, die Australier waren die Letzten, bevor wieder die Carabinieri vom Kontinent gekommen sind wegen der Separatisten in Catania und weil sie den Krieg auf dem Kontinent verloren haben. –

Doch wer vermag bei solch einem Thema zu verweilen, denn kurz nach Sferracavallo hatte eine Debatte über Käse begonnen. Mein Nachbar behauptete, er könne den Käse aller Händler im Zug mit einer Hand kaufen, so wertlos sei er heute. Mein Gegenüber hingegen riss einen Ziegel Parmigiano aus seiner Weste und schrie: es sei nur seiner Verblendung zuzuschreiben, dass er ihn überhaupt für Geldeswert hergebe. Der Käse wurde gekauft und zurückgekauft, in die Ecke geschleudert und geküsst. Einer warf all sein Geld von sich und sich selbst zu Boden, und während die einen ihr Geld unter den Bänken suchten oder ihre Waren, beschworen die anderen laut die Ahnen ihrer Mütter oder vollführten theatralisch Gesten drohenden Totschlages – und es wurde nie langweilig, und es war nie erschöpfend genug durchgespielt.

In Balestrate stiegen einige der Schreier aus, vereint in vertrauter Geselligkeit und gemeinsamen Alltagssorgen. Alle Übergebliebenen versanken sofort in Schlaf, zwischen Ziegen und riesigen Bündeln, in einen Schlaf der Erschöpfung, der wirkte, als ließe er den Verbrauchten doch manchmal im Traume die groteske Sinnlosigkeit seiner Ursache ahnen – ein Schlaf, der mir eins geworden ist mit Sizilien.

Castellamare del Golfo. Irrer Sonnenglast über blendendem Staub und nach Süden wand sich eine Straße in die Berge. Die Atmosphäre war geronnen und erblindet. Selbst die fernen Ölbäume, die bislang noch tanzten, hingen wie Gesponnenes in der erstarrten Luft, und das Weiß der Erde kroch mit den Schritten bis hoch an den Gürtel. Das erste Auto kam wie ein Komet, stürzte besessen auf mich Winkenden, warf sich in letzter Sekunde auf die andere Straßenseite und entschwand. Das zweite erreichte mich gegen Nachmittag, und beim dritten winkte ich nicht mehr. Es blieb aber von selbst stehen – blieb launig und mit sechs Tonnen Schwefel schräg über der Straße stehen, um den Nachkommenden zu betrachten.

„Wo ich meinen Esel gelassen hätte?“
„Er sei mir auf dem Weg ertrunken!“
„Ob ich nach Afrika wanderte?“
„Nein, nach Indien!“

Gut, dann solle ich nur mitkommen! Ich klemmte mich zwischen die Burschen im Führerhaus, die sofort den Text von „Lili Marlen“ zu lernen wünschten. Unter der Windschutzscheibe stand die Anweisung: „Denk in jeder Kurve an Gott!“ Ich tat es. Alle taten es. Die Tafel zirpte abscheulich, denn die Schraube, die dicht hinter *Gott* durch das Blech ging, hatte sich gelockert – ob rascher Fahrt und schlechter Straßen. Bis alle den Text konnten, stand ich endlos Rede über deutsche Motorräder. Über der Bremse stand auf Email der Vers: „Frauen und Motore, Freuden und Schmerzen.“ Und dann sangen wieder alle.

Zwischen den Wohnklötzen von Calatafimi versandete die Fahrt und die Frische meiner Burschen, und alles erstickte im stumpfen Brüten einer Schenke, denn nichts gemahnte mehr an Gott, an Freuden oder Schmerzen. Das Heiligenbild an der sauren Wand über den Flaschen war eingedöst in seiner Einsamkeit – und wenn mir bei uns jemand über Motore redet, so weiß ich, dass jene Siziliens vielfach stärker gewesen sind.

*

Es gibt Dinge von unbeschreiblicher Hässlichkeit, so dieser Schienenautobus, der aus einer nahen Kakteenhecke in die Station schwirrte; und es gibt Dinge von unbeschreiblicher Komik, so die Selbstverständlichkeit, mit welcher die Calatafimesen dieses Ungeheuer hinnahmen, ja, dass sie sogar noch Öl in das Phantom gossen und selbst hineinkletterten.

Schon in der ersten Kurve vermisste ich die Tafel, die an Gott gemahnt, denn alles wurde nach vorne und außen geschleudert. Nur, ich hatte mich festgekrallt – wie lächerlich –, denn die nächste Schroffe, über die wir uns hinunterschwangen, zentrifugierte ohnedies Mensch und Gepäck wieder nach hinten. Der Fahrer war indes über seinen Hebeln eingedöst und nickte immer mit dem Kopf, wenn sich die Maschine mit allen Eisen schreiend (wieder um Haaresbreite gewonnen) in den nächsten Tunnel warf. Alles sprach dagegen, dass sie traf, aber sie *traf* – unsere Physik kennt hier kaum mehr Gesetze.

Hingegen löste sich in jeder Rechtskurve eine Befestigung, sodass die letzte Sitzreihe einbrach. Darauf hob man sie gefasst auf und klemmte sie wieder fest. Hier findet sich eher ein Gesetz. Und wenn man alle Gesichter studiert, Geschleuderte und gerade Eingebrochene, und man nirgends nur den Schimmer einer Emotion entdeckt (zu schweigen von einer bestimmten, wie etwa der Angst), sondern nur schläfrige Teilnahmslosigkeit, so entdeckt man jene merkwürdige Umkehrung, wo fehlende Bereitschaft die Katastrophe selbst zu verhindern scheint. – Und diese Gesichter, in welchen gar keine Katastrophe mehr Platz hatte, sind mir eins geworden mit Sizilien.

*

Auch vor Porto Palo lagen die Schwellen auf rissigem Lehm, und die Station war markiert durch ein bisschen Öl zwischen den Schienen. Hier soll voriges Jahr ein Archäologe ausgestiegen sein.

Wenn mir nur ein Baum zu beschreiben bliebe oder eine Hütte, ein Hund mit seiner Angst oder ein zweiter Mensch! – Nur Dornensträucher zeigten mit ihren dürren Fingern in die Richtung des Seewinds, geduldet hinter den Rücken geduckter Felsen, und vor den dunklen Wogen eines südlicheren Meeres ragten göttlich die Säulen der Akropolis. Selinunts Akropolis, deren nackte Kapitelle wie Hände den bleiernen Himmel noch von der Erde drängten, deren Schäfte aber die letzte Kraft aus dem Boden zogen und die letzte Hoffnung, wie vordem am Nil und am Euphrat. Die wenigen winzigen Blumen im Sande (schon selber wie Disteln) sprachen von unsäglicher Mühe, der zottige Bock der kleinen Herde, hoch in den Trümmern, wie ein Ahne des letzten noch fürstlichen Reiches, stand mitten im Nahen der Wüste, und zwischen gestürztem dorischem Gebälk fand ich den Hirten im Schatten gespannter Häute.

„Das ist unser glückliches Sizilien!", rief er großartig, als ich seinen Krug abgesetzt hatte.

„Blumen sprießen aus üppigem Grün, und manchmal im Winter sprüht süßes Wasser vom Himmel! Siehst du, Sizilien ist wie ein Garten!"

Und wenn ich heute an das Glück dieser Hirten zurückdenke, die ich liebe, so ist mir Sizilien ein einziger Garten.

In der Brandung hatte ich meine Proben von den Felsen geschlagen, und es dämmerte rasch, als ich die fünfzehn Häuser von Porto Palo unschlüssig verstreut fand im Sande, zwischen dem

Meer und den drohenden Wolken. Fensterlos und erstorben. Nur die Daten bekämpfter Epidemien riefen von den Wänden, und die Masten der Boote, die über die flachen Dächer ragten, surrten im Wind. Das größte Gemäuer, etwa Schank, Kaufladen oder Bootshaus, wurde mir umständlich eingeräumt, eine rußige Schiffslaterne angesteckt, und während ich meine Instrumente aufbaute, wurde auch das scheunenartige Tor gegen den Sturm wieder verrammelt.

Das Dorf hatte Platz gefunden an den Wänden und den dämmrigen Ecken, und nur eine verwitterte Greisin stand erstarrt in der Mitte und hielt die Lampe über meinen Kopf. Niemand trat mehr durch die Tür. Wer hinauswollte, stahl sich hinaus, und wer hereinmusste, wurde hereingeschmuggelt und tuschelnd eingeweiht. Ein Stück Abfall, ein Steinsplitter, machte Runden durch scheue Hände, und als mir eine Phiole zerbrach, raunte es in den Wänden und rauschte, und eine Alte warf die Hände vors Gesicht. Meine Hände am Mikroskop hingen noch an jener dürren Welt, die uns nach Mühen staubgroße Entdeckungen gewährt, während ihnen die Reichtümer der Welt offen wurden, Schaudern und Hoffen, denn die Kraft ihrer Engel hatte begonnen, das All zu füllen, selbst meine Schrauben und Gläser – und als ich aufstand, hätten die Wände weichen müssen und sich das Meer öffnen, denn alles war voll unsäglicher Macht.

Eine Macht, die ich nie wieder gefunden habe, seitdem ich auf den Kontinent zurückgekommen bin, die ich längst wieder verloren haben muss, irgendwo unten in Sizilien.

Empirismus und Intuitionismus

Als ich das vorhergehende Kapitel nach fünfzig Jahren wieder las, schmunzelte ich freilich über diese intuitionistische Art, gemachte Erfahrungen darzustellen. Für einen Studenten mochte das eine Ausdrucksweise sein, die zum Mindesten sein Anliegen an der Sache zeigt. Und ich hatte damals keine Ahnung davon, dass mich der Intuitionismus in meiner Wissenschaft jahrzehntelang als Problem begleiten werde.

Wenn ich, zunächst als Assistent, meinen Lehrer *Marinelli* fragte, wie er zu einem seiner kühnen Vergleiche in der Anatomie der Organismen gekommen sei, sagte er mir väterlich: „Ein erfahrener Morphologe sieht das." Das mochte schon so sein; aber wie entschiede man zwischen einander ausschließenden Sichten?

Dabei war zuzugeben, dass die Morphologen, namentlich seit dem 18. Jahrhundert, zwei Millionen Arten, von den Gattungen bis zu den Reichen, in einer Hierarchie von einer halben Million systematischer Einheiten zu einem widerspruchsfreien System der Organismen zusammenstellten; einer Abstufung von Ähnlichkeiten, die, intuitionistisch, also ohne die Methode zu kennen entwickelt, so richtig ist, dass wir sie uns heute getrost als eine Abfolge von Verwandtschaften erklären können.

Es musste einen Unterschied zwischen Erkennen und Erklären geben. Nach zwanzig Jahren hatte ich's verstanden und Bücher darüber verfasst. Es geht um „induktive" Prozesse. Wir besitzen über die angeborene „Gestaltwahrnehmung" einen Apparat, der das, mit Wahrscheinlichkeiten operierend, vortrefflich kann. Da kam, wieder als Professor in Wien, meine erste Begegnung mit dem Philosophen *Karl Popper*. „Lieber Riedl", sagte er mir liebenswürdig, „ich habe mich vor unserer Begegnung so gefürchtet, denn was Sie sagen, ist ganz falsch." Es ging, wie sich allmählich herausstellte, um das Induktionsproblem; nämlich die Frage, wie wir denn zur Aufstellung von Erwartungen, Hypothesen und Theorien kämen.

Zugegeben, induktive Prozesse beruhen nicht auf Logik, sondern auf Herumprobieren, bis etwas anscheinend passt. Erst die deduktive Kontrolle der Theorie an neuen Fällen widerlegt oder bekräftigt die Theorie. Und wenn man, wie *Popper*, Wissenschaft als logisches System betrachtet, dann hat in ihr Induktion keinen Platz.

So richtig ging mir das erst auf, als ich begriff, warum Freunde von solcher Bedeutung wie *Sir Karl Popper* und *Konrad Lorenz* einander darin nicht recht verstanden. Karls Material waren die großen Theorien. Über welches Herumprobieren etwa Einstein zur Relativitätstheorie gelangte, ist nicht aufschließbar; vielleicht war es das nicht einmal für Einstein selbst. Ihre deduktive Kontrolle dagegen ist ein logisch verfolgbarer Prozess der Bestätigung oder Widerlegung. Konrads Materialien waren Tiere. Und wodurch ein neuer Entwurf der Evolution als ungeeignet widerlegt wird, ist nun kaum verfolgbar und weniger interessant als die Frage, wie denn die Natur durch Herumprobieren zu immer neuen Schöpfungen gelangt.

Im Grunde sind die beiden Deduktivisten und Induktivisten geblieben. Und für das Begreifen von uns Menschen steht an allem Anfang gewiss ein Vorstadium der Induktion, die Intuition.

*

Ich habe bislang eine Menge über die Normannen geredet, selbst über Rom und die Sikuler. Ihre Wirkungen waren wie vorgefasst, und ihre Rückstände sind steinern und geprägt. Deshalb waren sie so leicht zu schildern. Aber es wäre eine falsche Auslese, es mit ihnen bewenden zu lassen, eine Auswahl, die das vieldimensionale Antlitz verfälschte, die Historie sizilianischen Erlebens.

Die Araber formten das Denken der Insel wohl noch tiefer. Aber Allah war von anderer Substanz, der Einfluss seiner großen Tage unerwartet, und seine einschmelzbaren Rückstände blieben für immer flüssig, immer wirksam, aber stofflich fast unauffindbar in den Poren des alten Gefüges.

Vielleicht war Sizilien nur damals mehr als eine Eprouvette im

Zentrum der Kulturen gewesen, der Braukessel der Moderne, der mit Friedrich II. von hier aus überquoll in das mittelalterliche Europa, mit Experimenten, sachlichen Problemen und der neuen Dimension weltweiter Gespräche.

Ihr Wesen ist mächtig und schwer zu greifen, und sie sickern dann in dich ein, wenn du offen bist für das Unkörperliche ihrer Art. Deshalb bin ich auch bei diesem Ausdruck geblieben.

*

Wenn zwei so außerordentlich gescheite Freunde wie *Lorenz* und *Popper* es schwer hatten, einander zu verstehen, mag sich ein weiterer Blick in das Problem nahe legen. Mit einer Anekdote will ich das beginnen.

Als *Franz Kreuzer*, damals Umweltminister, das Popper-Symposium rettete, indem er *Popper* nach Wien brachte, wurde diesem auch zugestanden auszuwählen, wer als Diskutant mit ihm das Podium besetzen durfte; und jedem der Auserwählten wurde eine Art Maulkorb entworfen, mit der Angabe der von diesem nicht erwünschten Themen. Das war komisch. Ich selbst sollte nicht über Induktion sprechen. Das sagte ich zu und stellte in Aussicht, über den bedingten Reflex zu sprechen.

Ich habe in diesem Bändchen den bedingten Reflex schon dargestellt; man wird sich an *Pawlows* Hund erinnern: Sich wiederholende Koinzidenzen, dort Glockenton und Futter, werden in einen scheinbar notwendigen Zusammenhang gebracht. Und der Erfolg beruht darauf, dass in dieser Welt sich wiederholende Koinzidenzen meist tatsächlich nicht von zufälliger Art sind.

Und, wie man sich an *David Hume* erinnert, deuten wir solches Nacheinander als ursächlichen Zusammenhang.

Ich fand, dass das auch für regelmäßiges Nebeneinander von Wahrnehmungen gilt. Federn und Schnabel „machen" uns „den Vogel", Panzer und sechs Beine „den Käfer". Auch hier lenkt Intuition zur Annahme eines ursächlichen Zusammenhangs. Die intuitionistisch operierenden Systematiker haben von dieser Ausstattung profitiert.

Und beides hat nichts mit Logik zu tun, vielmehr mit Herumprobieren und Bestätigungen suchen, mit Induktion. Ich konnte getrost sein, dass das Auditorium den Zusammenhang sehen würde; und so kam es auch.

Die Erkenntnislehre des so genannten „Wiener Kreises", mit den Physikern *Mach* und *Boltzmann* begonnen, hatte einen Schwenk in den „logischen Positivismus", einen Rationalismus gemacht, mit dem man annahm, dass Logik die Grundlage des Weltverstehens sein müsse. Ein Band von *Carnap* heißt denn auch „Die logische Struktur der Welt". Und so sehr sich *Popper* von diesem Kreis abzusetzen trachtete, diese logische Rationalität war ihm geblieben.

Wenn man aber Logik als ein höchst menschliches Produkt aus einer höchst menschlichen Sprachfamilie betrachtet, wie ich es aus der Sicht auf die Entwicklung des Menschen tun muss, kann ich in ihr der Weisheit letzten Schluss nicht finden. *Carnap* würde ich einen Band „Die weltliche Struktur der Logik" entgegensetzen.

Eine Unze Öl

Das Dumme an der Geschichte war nur, dass es bald zu dämmern beginnen würde und mich jedermann in dem blöden Aufzug sehen musste.

Sicher war Sizilien nichts weiter als eine verdammte Barbareninsel, aber selbst Allah würde zürnen, wenn er seinen Diener so daherreiten sähe; und langsam stieg mir eine verdrießliche Stimmung auf. Aber ich erinnerte mich, was es schon früher für närrisches Zeug gegeben hatte, herüben im Westen: Wie die Alexandriner gejammert hatten, als wir ihnen die Bude wegbrannten, die sie seit weiß wann mit beschriebenen Eselshäuten und Papyrus und allerhand heidnischem Krimskrams angestopft hatten. Und was uns die Juden in Cordoba vorschwätzten. Allah ist mein Zeuge.

Als ich mich an all die Geschichten erinnerte, erschien mir das Ganze nicht mehr so tragisch mit dem blauen Kamel, das man mir für den Ritt gegeben hatte. Ich genoss besonders die Details dieser Erinnerungen. Wie mir diese Spekulanten etwas über das Lebenselixier herauslocken wollten. Und kein Wort bekamen sie von dem zu hören, was ich in Damaskus zu sehen bekommen hatte, damals im Keller Fof ibn Merads, mit dem ich zwei Jahre früher gemeinsam Perser erschlagen hatte, oben im Norden. Eine Menge hatte ich damals zu sehen bekommen. Aber das Beste war der Byzantiner, den wir in Kreta für den Tross anwarben, der uns das täppische Zahlensystem der Römer erklärte. Auch nicht verrückter als das blaue Kamel, das ich nun zu reiten hatte. Aber je länger ich die miserable Mähre ritt, umso deutlicher wurde mir, dass mich die Berber heute Nacht betrogen hatten, und meine Stimmung sank wieder.

Es gab längst zu viele Berber entlang der Südküste, zu viel Spreu, als dass die Sunna des Propheten hätte rein erhalten werden können. Als wir damals in Marsala landeten, waren sie in wüsten Haufen hinterdrein gezogen, und niemand hatte sich recht um sie gekümmert. Und nun, da es nach der Schlägerei in Palermo ruhig geworden war auf der Insel, wucherten sie mit den Weibern, mit Getreide und Reittieren, als ob sie den Westen erobert, als ob sie Glauben und Recht unter die Barbaren gebracht hätten. Das machte mich bekümmert, und ich sah, dass ich teuflisch weit zu reiten hätte.

Durch den Staub, den der heiße Südwind mir von der Küste entgegentrieb, deutete sich das erste Rot an, und die Palmwedel scharrten wie Pergament, wie drüben in der Heimat. Das war tröstlich, und ich nahm mir vor, bald abzusitzen, um mich nach Osten zu werfen und zu beten. Es war klar, dass die Berber einfach zu gut behandelt worden waren, und man hätte ihnen mit der Peitsche kommen müssen wie den Christen, und wie ich an den Glauben dachte, schöpfte ich neue Hoffnung. Drüber den Pyrenäen war es schließlich dasselbe gewesen, damals bei Poitiers gegen die fränkischen Heiden. Wir dachten damals, es sei ein verdammter Verrat gewesen, als wir blutend zurückritten, und in Wahrheit hatte uns aber nur Allah zurückberufen in seiner unbegreiflichen Weisheit. Aber seitdem der Glaube und die Kultur auch in Palermo einziehen konnten, ging es aufwärts mit der Insel – das konnte jeder sehen, der Augen dafür hatte –, und wenn wir für Sizilien ein selbstständiges Emirat erringen, so wird es der Fruchtgarten des Reiches werden. Allah wird die Kraft dort lassen, wo er Weisheit und Ordnung erkennt.

Auch das mit den Berbern würde seinen rechten Weg nehmen, den Weg Gottes, den Weg der gerechten Strafe, und selbst die Reibereien mit den Schiiten drüben an der afrikanischen Küste, von welchen die Seefahrer in Marsala erzählten.

Als ich nun absitzen wollte, bemerkte ich, dass mein Kamel inzwischen mächtig in die Höhe gewachsen war. Wie ich so hinuntersah auf den Feldweg mit seinen Kakteen und langen Schatten überm Sand, dachte ich an die Bewässerungskanäle, mit denen in Mazzara längst begonnen worden war, und ich sagte mir, dass man den Barbaren den Holzpflug aus der Hand schlagen und sie in langen Reihen hierher treiben müsste. Vielleicht war das blaue Vieh ein Minarett geworden, denn ich sah unten schon die Küste, und es wäre – weiß Allah – noch lang zu reiten gewesen.

Bald lag Sizilien tief unter mir wie ein Dreieck, ich sah die Heeresstraßen des heiligen Krieges und den Qualm in der Goldenen Muschel. Aus dem Nordosten der Insel klang noch etwas vom Kriegslärm herauf, vom Kreischen der Weiber und Sklaven, und das Murmeln der Juden, Christen und Magier, die geschont wurden. Im Norden und Osten lagen andere Inseln, Sardinien und Kreta, auch ihnen wurde der Glaube gebracht. Aber nur in Sizilien hatte es zu blühen begonnen.

Ich sah, wie sich im Qualm der eroberten Städte die ersten Christen mit unseren neuen Zahlen mühten, die Juden mit dem Koran, und wie die Magier Retorten stahlen und geheime Pulver, die manch einer von uns mitgebracht hatte aus Ispahan oder Mekka, um nächstens den Stein der Weisen zu gießen oder das Elixier des Lebens. Und ich hätte den Säbel gezogen und hineingedroschen in die dreckige Insel, wenn nicht Gott es so gewollt hätte. Und ich sah, wie die geschwätzigen Barbaren die Geheimnisse jedes Muslims schändeten und unters Volk zerrten. Sie begannen unten an Gottes Wort zu tüfteln und an den Weisheiten, die einige von uns aus Persien und Indien mitgebracht hatten.

Alles hörte ich nun fern wie in einer tiefen Betäubung, und ich war viel zu überrascht, um irgendetwas zu erleben. Sizilien, der Garten unseres Reiches, lag so tief, dass ich das untere Ende des blauen Minaretts nicht mehr erkennen konnte, und mir schwindelte, als ich hinuntersah, und ich dachte – dass Gott mich sehr rasch in diese Höhe gehoben hatte. Die blauen Kacheln meines Turmes begannen sich auch schon zu drehen und zu stürzen, und während ich mir die Hände vors Gesicht presste und den fürchterlichen Aufprall auf der Erde erwartete, hörte ich von weitem unsere Weiber lachen, denen diese Hunde die Schleier vom Gesicht zogen und von Recht und Würde geredet hatten.

Vom Aufprall will ich gar nicht viel sagen, nur dass mir etwas gegen den Kopf fuhr und zwischen die Rippen und dass ich dann eingekeilt lag zwischen der Balustrade der kleinen Terrasse und der umgestürzten Sitzbank der entlegenen Weinschank, in der ich spät in der Nacht abgestiegen war. Unten auf der verlassenen Landstraße stand verträumt mein Jeep und leuchtete nachdrücklich mit den Stopplichtern. Von Morgengrauen konnte noch keine Rede sein, hinter der Pergola zischelte noch immer das Benzinlicht, auf dem Tisch stand der rote Wein, und Giovanna saß mit ihrem schwarzen Umhang unverändert und schwarzäugig auf der Rampe und lachte. Sie klemmte die Hände zwischen die Knie und war furchtbar glücklich über die überraschende Wendung, denn unsere Unterhaltung hatte gedroht, langweilig zu werden.

Aus meiner merkwürdigen Perspektive gesehen, saß sie wie zwischen den Sternen, und sie plapperte wieder ihre verwirrend komplizierten Geschichten. Durch das Weinlaub fiel nur weniges unruhiges Licht über ihr Gesicht, ihre scharf geschwungene braune Nase, und unten auf der Landstraße Pietraperzia–Armerina (oder weiß der Teufel, wo ich hingeraten war) lagen wohl der schläfrige Bazar und die Teppichweber in ihren Buden. Das Geplapper versank in eine Malerei kompakter, schwerer Farben, und ich war mir sicher, dass ihr Nabel eine Unze Öl fassen würde.

Ob dieses Anblickes ward ich über die Maßen froh und fragte sie, was ich mir nun ausbitten dürfe. Sie entgegnete:

„Bitte dir aus, in welche Gestalt ich dich verwandeln soll, in die eines Hundes, eines Esels oder die eines Affen."

„Bei Gott, so du mir vergeben würdest, würde auch Gott dir vergeben, maßen ich dir doch – nein, nein, ich darf nicht schon wieder einschlafen!"

*

Eines Abends war der Bauer zu mir gekommen und sagte, dass es ein ganz verdammt heißer Sommer gewesen wäre; und als ich nebenher daran dachte, ob er Recht hätte, entdeckte ich plötzlich etwas Neues an Sizilien.

Eine Beziehung, die schwerer wog als die bisherigen, die der

Alltag Sizilien unbemerkt in mich herangetragen haben musste, mit dem Gewicht langer Monate, Endgültiges, jenseits kurzlebiger Gedanken. Meine Existenz war ein Stück sizilianischer Wirklichkeit geworden, etwas wie die Erde des Landes; und wenn es auch nur mein Schatten war, der in den Boden gesogen wurde. Es war großartig neu, Sizilien von innen her zu erleben, aber als Kategorie letzter Weisheit enttäuschend, weil all das aufregende Geschehen in einem selbst Platz zu haben schien.

Und als wir da hockten in den Dünen, unter den ersten Herbstwolken, der Bauer ausspie und sich das Kinn wischte, nickte ich und sagte, dass es gewiss ein verdammt heißer Sommer gewesen war.

Gehirn und die Funktion des Traums

Als kleiner Junge dachte ich, man müsse „geträumt-geträumt" von „geträumt-wirklich" unterscheiden. Und als mir Träumelein eine Tante sagte: „Schau nicht schon wieder ins Narrenkastel!", brummte mein Vater: „Lass doch, dort ordnet sich die Welt!"

Sechzig Jahre später, als in meinem Institut eine ganze Reihe bedeutender Traumforscher arbeiteten, kam das alles wieder zu Tage. Es gab zwei Lager. Die einen meinten, Träume seien bedeutungslos, denn das Gehirn müsse auch während des Schlafes gefüttert werden, könne daher treiben, was es wolle. Die andere Gruppe dachte an Bedeutungen. Das fand ich interessanter. Neben den „Tagresten" nach *Sigmund Freud* tauchten noch vielerlei Funktionen auf. Zwar bringt der Traum wie ein schlimmes Kind vieles durcheinander, ohne aber die Dinge selbst zu ändern. Gegen ihn sind die Figuren von *Hieronymus Bosch* überlegt konstruiert; und wenn der Traum auch keiner kontrollierten Logik folgt, er hat Zusammenhang und Handlung, sogar eine gewisse Vernunft oder Ordnung.

Im „Tagtraum“ kann man ihm zusehen, wie er von der trivialen Wirklichkeit in eine Art Gaukelei hinüberlenkt; und man kann aus der Gaukelei erwachen, ohne geschlafen zu haben. Umgekehrt im „Wachtraum“: Wenn man beim Erwachen bemerkt, noch zu träumen, erkennt man seine Strukturen. Oft wird von Träumen berichtet, oder man erlebt es selbst, aus welchen sich eine Zeitumkehr anzudeuten scheint: Der Schlafende wird durch einen Gegenstand geweckt, der ihm auf den Kopf fiel, und produziert eine lange, detailreiche Geschichte, etwa von einer Reise, die mit einem Unfall endet. Wie das geschieht, weiß man noch nicht. Es kann aber sein, dass wir in komplexen Bildern träumen; etwa wie wir vor einem riesigen Schlachtengemälde alles gleichzeitig erfassen, aus der Wiedergabe des Gesehenen aber eine lange Geschichte machen müssen.

Wir wissen aber, dass z. B. beim Wahrnehmen eines blauen Dreiecks das Dreieck in einem anderen Hirnabschnitt ankommt als das Blau, aber alles verbunden wird, was gleichzeitig ankommt. Gewiss ist das noch nicht viel. Und wir wissen daher auch nicht, ich erwähnte das schon, wie viel wir träumen, auch wenn wir und unsere Umgebung uns für wach halten. Vielleicht ordnet sich dort tatsächlich die Welt.

*

Zweifellos ist die Erinnerung an Träume eines der Fenster in den Betrieb des Nichbewussten; und was nochmals dafür spricht, dass Träumen Funktionen hat, geht aus Beobachtungen an höheren Säugetieren und unseren Babys und Kleinkindern hervor.

Hunden sieht man fast an, dass sie im Traum jagen. Und die REM-Phasen, lebhafte Augenbewegungen hinter geschlossenen Lidern, ein verlässlicher Hinweis auf Traumvorgänge, sind bei unseren Kleinsten am häufigsten und nehmen über die Kindheit zum Erwachsenen ab.

Da wird experimentiert, oder es ordnet sich etwas. Jedenfalls ist die Theorie, dass Träume etwas bedeuten, die interessantere. Vielleicht kann auch Selbst-Beobachtung noch etwas beitragen.

Beispielsweise hilft mir zum Einschlafen Lektüre. Allerdings darf sie mich nicht so beschäftigen, dass man zum Bleistift greifen will, um etwas anzuzeichnen, und auch nicht so unsinnig, dass man sich ärgert. Kurz, bei geeignetem Text passiert es mir gelegentlich, dass ich mir beim vermeintlichen Lesen sage: „Das ist ja unmöglich." Aufmerksamkeit wird wachgerufen. Und es stellt sich heraus, dass ich den Text weitergeträumt habe, aber noch zureichend wach gewesen bin, um die Abweichung zu bemerken.

Wiederholung von Träumen mag mancher an sich beobachtet haben. Bei mir stellt sich in Abständen ein solcher ein. Stets dieselbe Geschichte. In abgetragenem Renaissance-Kittel auf einem Schlachtross einen einsamen Hohlweg hinunter. Unten Lichter eines Weilers, und ich sehe den Freuden der Kneipe entgegen. Hundegebell. Als das Quietschen der Weiberleute hörbar wird, wache ich auf. Meine psychiatrischen Freunde lachen über den verklemmten Burschen. Aber das Folgende wird offenbar gern der wachen Fantasie überlassen.

Fortsetzungsträume erlebt man wohl selten. Aber gelegentlich ist einer so schön, dass es ärgerlich ist, ihn durch Erwachen unterbrochen zu sehen; und dann kann es tatsächlich geschehen, dass er sich daraufhin fortsetzt.

Der Volksmund sagt: „Dem Seinen gibt's der Herr im Schlaf." Auch da ist „was dran". Immer wieder einmal geht man grübelnd zu Bett, weil sich ein Problem nicht lösen lässt; um am Morgen zu bemerken, dass man es längst gelöst hat. – Und wie viel an Seherischem und an Erleuchtungen hat doch schon unsere Kulturgeschichte gesteuert!

Übrigens ein Tag wie der andere

Im Süden waren Monate vergangen, zwischen den Zelten des Feldlaboratoriums, zwischen den Wellen der Dünen und jenen des afrikanischen Meeres, und mit dem Versiegen des Neuen in meiner Umgebung entstand etwas Neues. Überraschend in seiner Südlichkeit, der Alltag, der die wenigen Menschen durchdrang, die uns begegneten, uns selber und das Wenige, das dazukam, heraushob. Er war das Gegenteil von dem, als welchen man ihn gewöhnlich kennt, er war aufschlussreich; er wurde es, der mehr Sinn gab, je mehr wir uns verweht fühlten.

Die wenigen Menschen

Gegen Sonnenaufgang kommt immer der Harpuneur angewatet von der Punta delle Formiche, im hüfttiefen Wasser – Medizinmann und Gaukler – und besprengt die unendlichen Wogen mit seinem winzigen Ölpinselchen. Voll tierischem Ernst – um klarer zu sehen, wie schon erzählt. Den Dreizack wie eine Hellebarde und einen toten Polypen im Schlepp. Unten schläft er dann in der ersten Sonne, und die langen Unterhosen beginnen zu trocknen, und dann verhandeln wir, weil er doch schon da ist, verhandeln geübt und lustlos über den Kauf, und der tote Polyp sieht immer gleich melancholisch zu, unter mehr oder unter weniger Fliegen. Diese Woche, scheint mir, war es ein kleinerer.

„Dann werde ich ihn halt in Sampieri verkaufen“, sagt er immer wieder resigniert und geht doch wieder heim nach Formiche.

Gegen zehn Uhr steht dann die Bäuerin da, ganz vertrocknet und besorgt.

„Was sollen wir heute kochen, Signorìa?“ Ich grüble, und sie plappert – lange, und langsam schälen sich zwei Möglichkeiten heraus: Kürbis mit Käse oder Polpi mit Zwiebeln.

„Was hatten wir gestern?"

„--------."

„Gut, dann heute Polpi." (Die tauschen sie gegen Trauben vom Kutter, der drüben in der Bocca fischt.)

„Ja, mein Herr, mein Mann hat am Morgen schon damit begonnen."

Wenn dann der Sand zu flimmern beginnt, wandern zwei blaue Eidechsen hinüber zu den Agaven, und manchmal kommen Hummeln, aber ganz unregelmäßig; unstete Gesellen. Und mittags kommt das Essen in einem Weidling (Kürbis etwas früher), unter einem Lappen, und voran stapft bedeutsam der Herold auf nackten Beinen, der Bauer. Wir vergaßen fast zu fragen, wie er heißt. Das Mahl liegt dann eng zwischen Lawinen von Beilagen. Einmal sind es mehr Nudeln, einmal mehr Reis. Dann nimmt sich einer von uns zu viel heraus, der Letzte den kaputten Zeltstuhl und jeder die Schüssel dicht unters Kinn. Polypen haben acht fingerlange Ärmchen, die elastisch in die Nase schnellen oder in den Bart. Was eben jeder hat. Die beiden warten auf das Geschirr. Das Öl wäre ausgegangen, heißt es bekümmert. Und einer von uns (wer gerade den Mund nicht zu voll hat) sagt dann: „Oh!"

Nachmittags ist alles wie ausgestorben – und ich vergaß zu sagen, auch Hummeln kommen keine. – Bis am Abend das Treiben wieder beginnt.

Sonntagabend erscheint dann Pepo, Gymnasiast, und aus Italien zu seiner Tante verschlagen, so bescheiden, dass ihn einer gewaltsam zu holen hat, von hinter dem Felsen. Und dann sitzt er, bis er Papier bekommt und Farbenstifte und dann das Auto zeichnet, elend, davor sein Fantasiemädchen. Die Tante wird ihn nach Firenze schicken.

Und an Wochentagen kommt der Schauspieler, der in Scicli eine Häuslerin geheiratet hat und nun drüber den Dünen die Reben bewacht – man darf mit dem Schicksal nicht hadern. Das ist der Sinn des Lebens. Jeden Abend bringt er einen ganzen Korb der bewachten Trauben. Wir wissen nicht, was er noch bewacht.

Uns selber

Unser Maler gehörte damals schon längst zur Silhouette der Klippen, saß steif auf der Schattenscheibe seiner Hutkrempe, und seine Bilder waren nur mehr wie mit Sand gemalt, mit brütender Hitze und immer mit beiden Händen. Manchmal saß er einfach nur da und drehte sich langsam mit der Sonne – für den, der nicht zu oft hinsah. Aber manchmal brachte er Bilder; merkwürdige, die er dann irgendwo ins Gepäck schob. Wenn er abends Besuch hatte von Pepo wurde er eifersüchtig gastlich. Kein Wort mehr von *Manet* oder *Schiele*, von Sepia redeten sie und von Marderpinseln, und Firenzes tötende Malschule wurde der Herr all ihrer Gespräche. Das absolut Fremde dieser südlichen Gesichter musste er in ihrer Problematik geahnt haben, und die Tragik ihrer Unlösbarkeit. Aber er strich auch fortan seine Farben auf Papier, weil in diesem Königreiche doch weiter gar nichts geschehen war. Er war der Glücklichste unter uns.

Ein anderer – wie ein Kind war er zum Magier geworden, zum Kolonisator der Einsamkeit, indem er Aschenbecher fertigte, ja Kleiderbügel, die niemand brauchte, unverständig und unverstanden. Bei Besuchen war er launisch. Mürrisch einmal oder geschwätzig. Manchmal umstanden ihn die Weiber aus der Gegend, dann zischte er mit der Lötlampe, und der Zauber des Gerätes, der sich in den Gesichtern spiegelte, trieb ihn hinaus und hinauf in den Himmel der heiligen Schraube. Er lachte und verfinsterte sich durch seine eigenen Griffe, stärker als seine Hände es jemals geboten, und noch nie waren sein Strahlen und seine Schatten so mächtig über Menschen gezogen, und noch nie war er so einsam gewesen.

Nur einer von uns beherrschte die Sprache nicht, einfach weil er das nie gewollt hatte; und nur ihn hörten wir oft herzlich lachen, ganz ungewöhnlich, wenn ihm abends der Schauspieler pantomimisch lange Geschichten demonstrierte: Wie ihm doch einmal die Waschschüssel auf die Zehen fiel, oder: Wie ihn seine Frau ertappte. Kleine Brillanten, die er kritisch lobte, weil ihm die köstliche Pose den verlorenen Sinn ersetzte, und gewiss glänzen nun diese Geschichten im Regal für Monströsen seiner Reiseerinnerungen.

Die wenigen lapidaren Sätze, die damals mein Tagebuch enthält, wirken wie gegen die Wirklichkeit, gegen des Lebens Sinn geschrieben, und dort, wo sie ihn noch erreichen, sind sie Gemeinplätze, unschädlich und haltbar. Ihr Niederschlag hat etwas von einem Karussell, einem bunten, einsamen. Damals korrespondierte ich mit einer Neapolitanerin. Ich glaube, auch sie verstand Sizilien nicht, aber noch am ehesten. Manchmal besuchte mich jener Baron Pupuleo, und dass er in Monte (Montecarlo) sein ganzes Geld verloren hatte, gab uns unerschöpflichen Stoff für unsere Philosophien, und immer entdeckten wir einen neuen Sinn und eine neue Seite.

Endlich gab es auch einen, den gar niemand besuchte, denn er lebte in Briefen, in dem Bemühen, sich nur vorübergehend in Sizilien zu wissen. Er lebte gegen die Landschaft. Er wäre gewiss bald umgekommen, vertrocknet oder zerflossen, niemand weiß, wie das in Sizilien zugeht.

Und der Letzte, von dem ich erzählen kann, stellte ein System auf, einen Schlüssel, der die Reihenfolge enthielt, in welcher wir – auf die Dauer gesehen – untergehen müssten in Sizilien. Ich war, glaube ich, mitten drinnen.

Das Wenige, das dazukam

Einmal, gegen Mittag, überfielen uns fünf animierte Gesellen. Angetan wie Mineure, pneumatische Baumspritzen mit flüssigem DDT auf dem Rücken, mit Listen und Seuchenplakaten. Sie waren auf dem Throne ihrer sanitären Machtposition und durch die Einsamkeit ihrer Mission außer Maß geraten, drehten sich gegenseitig die Hähne ihrer Spritzen auf und stießen einander rücklings mit den langen Spitzen ihrer Zerstäuber. Als sie unsere Sprache erkannten, entstand großer Jubel. Sie hoben den rechten Arm, schwangen die gespreizten Beine und grölten Kommandoworte. Die Zelte wurden als Häuser deklariert und in der Rubrik „baufällig“ eingetragen, und dann überfielen sie deren Innereien (aufgeputscht durch das, was sich hinter der Vorstellung von unserer Nationalität verbarg) mit einem zappeligen Handlungsgewirr, das deutscher Gründlichkeit hätte zur Seite gestellt werden sollen. Sie verpufften glatt die Hälfte ihrer Essenzen. Das Ergebnis war Unheil und Verwirrung. Und wie ein Symbol ephemeren Geschehens, hinfälligen Willens, klebten dann noch einige Tage die DDT-Verordnungen an den flatternden Zeltwänden.

Eines Abends, als ich in den „Duineser Elegien“ las, kamen die Fischer vom Kutter, die in der Bocca fischten. Sie brachten eine Chimäre, eine Seekatze, armlang und von absurder Scheußlichkeit. Gleich einem skalpierten Haischädel mit Flügeln und verzerrtem Knorpelmaul. Ich hätte das seltene Tier gerne studiert, aber sie brieten es und aßen noch lange schmatzend und bei fliegenden Funken draußen vor unseren Zelten. Meine Elegien wurden bunt wie aus Kinderbüchern. Die vergänglichste Chimäre zerstört die gewaltigsten Engel, Gänge und Throne. Damals sah ich ein, dass auch der stärkste Ausdruck nur im engen Kreise seines Lichtes gilt, dass gerade er an seine bemessene Landschaft gefesselt ist; und das Fehlen der Gotik da herunten hätte somit weniger mit Süditalien zu tun als mit dem insularen Charakter des großen Stiles selbst. Wenn man etwas über seine Grenzen trägt, muss man offenbar die Kraft haben, den Sinn der Landschaft zu verändern. Wer hätte solche Kräfte?

Als wir wieder einmal nach Sampieri kamen, fanden wir das „Chalet“ niedergebrochen. Vom Sturm zu Boden geschlagen, all die heftige, kurze Buntheit, all das Vergnügen, das kaum Zeit hatte, millimetertief in die Haut zu sinken; und die Dünen hatten schon begonnen, über die wenigen Matten hinwegzukriechen. Nur martialische Quadern scheinen hier zu bestehen, die Meteoriten der Dorier und Normannen von weit her. Und der Sand wogt, und die Sonne schwirrt noch immer um das Kurzlebige ihrer Baumeister. Wenn du hier zur Welt kämest, als griechischer Gott oder als der byzantinische Herr über *Rogers* Steinmetze, so sähest du vielleicht die unheimlichen Kräfte, die all diesen bedürftigen Menschen erbarmungslos aufreiten; so weit du sehen kannst, um den ganzen Horizont. Aber so siehst du nichts.

Einmal standen die Bauern am Morgen da und verlangten, dass wir mitkämen – ernten, der Wein sei reif geworden. Aufdringlich, wie mir scheinen wollte. Es war aber keine Ernte, das war es nur nebenbei. Es hatte etwas von einem Fruchtbarkeitszauber, wie die Alten durch die Reben geisterten, irgendwie gierig und planlos. Das Maßlose, mit dem der Bauer die Trauben verschenkte, Hände voll, Körbe, ja, es war, als wollte er durch uns opfern, seinem wohlwollenden Gotte, uns Ausgezeichneten, denn wir sahen manchen vom Felde gewiesen, mit erhobenem Arm, wie aus der Kirche. Und so hatten wir unserer Rolle gerecht zu werden. Wir schritten wichtig herum, lobten die Vorsehung, die Güte des Bescherten, und aßen davon sehr große Mengen. Selten war eine Rolle so eindeutig, selten so leicht zu erfüllen gewesen in Sizilien.

Die Geschichten, die wir uns abends erzählten, schieden sich in zwei Gesichter. Die einen verzichteten auf jede Brücke und woben ihre Handlung in der Ferne. So strichen sie etwa einer farbenblinden Tante das Küchenfenster rosa. Niemand liebte sie. Sie drückten aufs Gemüt. Nur den Schauspieler amüsierten sie, Pepo und den Barone.

Die anderen Geschichten wurden immer weiter hergeholt. Europäische Reste in der latenten Vitalität des Südens und gleichzeitig riesige Länder: die blecherne Zeltlampe hatte doch einmal mein Vater getragen, voll Reif im Gebirge, und Peters hölzerner Farbkasten (nun mit einem Gummiband gehalten) war damals viel schöner gewesen als der meine, als wir kleine Jungen waren. Wir alle liebten sie, und niemand anderer hätte sie sonst verstanden.

*

Ich sagte schon, dass es enttäuschend zu sehen war, wie das Geschehen Siziliens in einem selbst Platz finden konnte. Es musste mich zweifeln lassen an der Echtheit des Erlebten, an *Roger* und Palermo, an Giovanna und den Dünen, überhaupt an all dem Wenigen in meinen Händen. Die Grenze zur Wirklichkeit war recht verwaschen, und der Rest sah aus wie das künstliche Klima meiner Personalität, das niemanden zu interessieren braucht.

Tröstlich war es erst, wieder einsam zu werden, den Unverstand wieder zu finden und die weiten, leeren Räume voll wimmelnder fremder Menschen um einen, und da unten bescheiden als das zu scheiden, was man in Wahrheit ist.

Existenzialismus, Monod, Teilhard

Es ist nicht immer leicht, die Frage nach dem Sinn des Lebens von sich zu schieben; und ich musste mir noch lang gedacht haben, ihn in den Gesetzen der Evolution zu finden. Das ging bis zur Zeit, als ich verstand, dass sich meine Meereskunde erst entlang der Geschichte des Lebens rechtfertigt.

Was beim Nachlesen bei den großen Geistern dieses Themas und beim Durchdenken ihrer Thesen auftauchte, wurde mir ein Abenteuer ganz anderer Art. Über zwei jener Helden, Franzosen und beide fast meine Zeitgenossen, kann ich das vielleicht in der Kürze verständlich machen.

Jacques Monod, Molekularbiologe aus der linken Szene intellektueller Existenzialisten, entdeckte das erste Regulationssystem in der Ebene der Erbmoleküle: das „Lac Operon". In seiner ganzen Komplikation musste es, wie alles Lebendige, ein Ausleseprodukt von Zufallsänderungen sein. Und da der Zufall das Gegenteil von Plan und Vorsehung ist, sollten wir endlich begreifen, dass die ganze Menschheit als ein Zufallsprodukt ohne Sinn in einem Kosmos entstanden ist, der für unsere Mühen und Hoffnungen kein Ohr haben kann.

Teilhard de Chardin, Paläontologe und Jesuit, als eigenständiger Denker von seinem Orden bis Java und Peking vertrieben, war bei den bedeutendsten Ausgrabungen der Menschheitsgeschichte: dem *Homo erectus* und dem Pekingmenschen. Aus seinem Fach kannte er die Bahnungen der Evolution, wie sie offenbar auf etwas zuführen. Und hat nicht die höchste dieser Kreaturen endlich Gott begriffen? Musste sie nicht von IHM geplant, von einer „prästabilierten Harmonie" sein und alles auf IHN zulaufen?

Gewiss wäre nichts einzuwenden, von einem gütigen Gott geplant worden zu sein. Aber nicht das Geringste weist darauf hin; und zwar umso weniger, je profunder wir die Gesetze der Evolution kennen. Würfelt Gott? Eine Perspektive, die schon *Einstein* nicht leiden konnte. Und nach langer Diskussion der Kernphysiker einigte man sich: ER würfelt, aber ER hält sich auch an die erwürfelten Gesetze. So scheint es für unsere Begriffe zu sein.

Kosmos, Leben und wir selbst sind keine Produkte des Chaos und ohne Harmonie; all das ist auch nicht von prästabilierter Harmonie. Die Dinge harmonisieren sich selbst. All das, auch das Leben, die Säugetiere, die Affen und wir selbst sind von „poststabilierter Harmonie"; es hat sich selbst harmonisiert. Wenn wir schon einen Sinn haben wollen, was vor uns Menschen wahrscheinlich von niemandem bedacht wurde, dann müssen wir uns diesen Sinn selber geben.

*

Um diese Geschichte gehört wenigstens noch ein knapper Rahmen gezogen, die Kulturgeschichte dieses Ringens um die Gesetze der Evolution zumindest angedeutet. Mit deren Darstellung in drei Phasen kann dies am ehesten gelingen.

Eine heroische Phase reicht über gut zwei Jahrtausende; etwa von *Aristoteles* bis *Darwin*. Intuitionistisch entsteht ein richtiges System der Organismen mit fast schon einer Million Arten. Den großen intellektuellen Schritt, der sich mit *Lukrez* in der Zeitenwende und *Leonardo* vorbereitet, setzt *Lamarck* in der Zeit der Französischen Revolution. Angesichts eines so großen Systems offensichtlicher Gesetzlichkeit, er sagt „positiv“, müsse man nun auch die Frage nach deren Ursachen stellen. Mit dem Selektionsprinzip bahnt sich das an, wenn man bedenkt, dass *Darwin* auch die Wirkung „innerer Mechanismen“ annahm. Die Schwierigkeiten, wie mit der Kirche, entstanden erst in der Folge.

Eine ideologische Phase schließt mit der Entdeckung der Zufallsmutationen und der Polarisierung in liberalistische und marxistische Gesellschaftstheorien an. Beide suchten in den Evolutionsgesetzen Bestätigungen ihrer Thesen. Die christlich-kapitalistische Gesellschaft nahm das Überleben des Tüchtigeren als Legitimation für das Entstehen des Industrie-Proletariats und die Zufallsgaben als Gaben Gottes. Die Marxisten dagegen setzten auf die Milieu-Selektion, um, nun durch die Gesellschaft, Menschen zum Besseren zu adaptieren. Trotz aller wissenschaftlicher Fortschritte entstanden Hexenjagden, *Ernst Haeckel* wurde zum Gegenpapst ausgerufen, der Biologe *Paul Kammerer* nahm sich das Leben.

Die Phase heute wird man einmal, mit Glück, die systemische nennen. Sie beginnt mit den großen Erfolgen der molekularen Genetik und führte zu einer Dominanz der Theorien der anorganischen Wissenschaften; einer linearen Kausalität, der Legitimation, in komplexe Systeme einzugreifen, und der Vorstellung von einer reparierbaren Welt. Wiewohl die Biologie an Bedeutung nachgeholt hat, wird noch um das Verständnis von Systemzusammenhängen, von jener Wechsel-Kausalität gerungen, wie sie dem Lebendigen und der Struktur des Menschen erst gerecht wird.

Ganz offenbar sind wir noch nicht am Ziel.

Hoffnungslose Dilettanten

Auf dem Olymp

Es mag Herbst gewesen sein. Die Trauben hinter den Dünen waren hinweggerafft, und aus den Presshütten sickerte das Stampfen und das Schnauben der erhitzten Leiber, die mit schweren Stiefeln die roten, quellenden Früchte zu dunkelrotem Brei zertraten. Es lag etwas von unirdischem Hass in der Gebärde. Und wenn diese Blutknechte nächtens heimwankten, so wartete man vergebens auf das Erblinden der Sterne, denn sie leuchteten nur noch gewisser und knisterten mit ihren Lichtern, als ob das Fließen fauliger Reife aus ihnen selbst strömte. Dieser Himmel gewann damals für mich eine merkwürdige Farbe, und die Gesichter, die man traf, hatten etwas von den Wirren der Profile, die sich in der Schrift der Maya so beklemmend wiederholen, die sich zu Hunderten ins Genick glotzen, nur um die Ordnung der Gestirne niederzulegen im fauligen Dunst geopferten Blutes. Närrisches Zeug, gegen das man die Faust zu halten hätte, wollte es einem an den Leib rücken.

Es muss Herbst gewesen sein, denn die Hitze über Tunis hatte manchmal die ganze Feuchtigkeit über dem Meer hinaufgerafft – den ganzen Tüll, der um die Hüften der See geschlungen war – zu Wolkensäulen marmorner Schwere, eine Renaissance des Wassers. Und wie nackt war darunter Malta zu sehen. Strukturlos und mit scharfen Rändern, das erste Mal, und die Kimm saß den Bergzacken dicht an der Kehle. Aber wir Krämer starrten auf die wallende Robe, mit angehaltenem Atem, bis sie dunkel wurde, langsam die Fäuste hob und dann fauchend ins Meer schlug, die Zelte in den Sand drückte und der Sturm mit Wut über die Felsen herfiel.

Gewiss, es war Herbst, denn Pepo war ausgeblieben und die anderen verschwunden, wie wenn sie uns nie gekannt hätten. Sampieri lag wieder ausgestorben. Mit gähnenden Toren wie nach der Pest, und in den Häusern war nicht mehr als in den Gassen. Die Drahtbetten waren abgereist auf Karren und Eseln, und ein trüber Wind hatte das hitzige Treiben aus ihren Rippen geblasen. Nur ihre Ideen, die Rückstände ihres stärkeren Daseins, waren geblieben, huschten und geisterten verschmutzt und verstümmelt durch die finsteren Räume. Die heftigen, vergilbten Liebesaffären üppiger Mädchen auf den großen, zerknitterten Zeitungsblättern.

Damals im Herbst also, als wir zur Heimreise aufbrachen, unsere Briefe abpusteten, die Instrumente abschraubten und die Zelte auf die Autos warfen, kam der alte Bauer und erzählte mir die Geschichte seiner Familie. Nur dass sie schwer war und verworren, blieb mir im Gedächtnis. Und als mein Jeep zu brummeln begann und mir eindringlich mein unmittelbares Reiseziel vorsagte – jenes knarrende Gartentor eines Wiener Vorortes –, kroch der Alte wieder auf die Steinbank vor seiner Hütte und hockte oben, die Hände auf den Knien, voll der geglückten Erfüllung, ein lebendiger Widerspruch meiner Erfahrungen, bis auch er zurücksank – erst Agaven und dann Felsen über ihn hinwegblätterten.

Wäre ich ordentlichen Geistes gewesen, so hätte es mir nicht entgehen dürfen, dass das letzte Blatt dieser Geschichten viel steifer war und höchstens die Zierrat eines Buchdeckels trug, doch nicht mehr jene verschnörkelte Schrift, die ich gerade zu lernen begonnen hatte.

Auf der Erde

Bevor man von Punta auf die Landstraße kommt, muss man, wie jeder weiß, an der Kakteenhecke vorbei, die von den Dünen bis zu den Felsen des Grates zieht, gleich oberhalb Sampieris gelegen, und ich erinnerte mich sorgfältig an das Abenteuer, das ich dort bestand und das ich niemandem erzählt hatte. Wie ich mich nun gewiss täuschte, als ich im Vorbeifahren von meinem Geheimnis geblendet glaubte, tief hineinzusehen in dieses Land. Dann torkelte der Wagen über die Bahntrasse mit dem schrägen, schläfrigen Bahnwächterhaus, von wo wir immer unseren Tabak holten; rechts die schotterige Bezirksstraße, auf die wir nach langem Irren einmal gestoßen waren, in der Nacht, der Maler und ich, müde und staubig vom beschwerlichen Heimweg. Wir erinnerten uns, wie damals der Kutscher von der Carrozza mit der Peitsche nach uns schlug, weil er die Tochter des Avvocato führte und nicht wusste, dass die Herrschaften ja nur uns erwarteten.

Dann kroch die Straße höher. Sand und Wein ließen sie unten beim Meer, und über ihre Ränder beugten sich die Ölbäume mit ihren schrillenden Zikaden, mit ihrem kleinen Kunststück: unter mächtigen Ästen dennoch keinen Schatten entstehen zu lassen, mit ihren gedrehten Stämmen, die sich offenbar während der Sonnenumläufe mit den Kronen in den Himmel drehten. Unsere gute, störrische Straße, deren Staub sich offenbar nie senkt, wenn man über sie hintappt. Und deren mittägliche Luft nur Stahl zerschneidet und die darum jeder meidet, als wäre sie keine. Endlich jener Bahnschranken, den man selbst bedient, darunter wegfährt und wieder zuklappt, um die Ordnung der Dinge nicht zu verletzen.

Endlich kam Pozzallo mit der hohen Araukarie, mit Nuncias Bude und der Kreuzung, wo ich die Diebe eingeladen hatte. Pozzallo, in dessen kleinem, mit Neonröhren gespicktem Café ich die weisesten Geschichten der Welt gehört hatte; Pozzallo, das mit seiner großartigen Betonstraße, die sich erst hinter den letzten Häusern mit behäbiger Pracht zu entfalten beginnt, etwas von einem Bollwerk hat, vom Rande einer Kolonie, Unausgewogenes und Gewolltes.

Und ebenso singen dann auch die Reifen schnurstracks hinauf bis Avola, und wehe dem, der sie in Sizilien nur so hat singen hören. Niemand von uns wird die Geschichte erzählen, die wir in einer der Straßenräumerhütten erlebten, denn nach Avola ist die Straße auch zu lang, man fände sie nicht, und selbst ein wandernder Eisverkäufer, den wir befragten, wusste nichts von dieser Hütte. Avola ist dadurch charakterisiert, dass man sich mit nichts an sie erinnern kann. Dann über den Cassibile, den „Kakyparis" der Alten, an welchem sich im Jahre 413 *Demosthenes* mit 6.000 Athenern ergeben musste (wie es der Baedeker vorsorglich verzeichnet) und von wo man vor allem wieder Capo Murro di Porco sieht, mit dem ersten ehrlichen Grün, hinter welchem sich bis zum letzten Augenblicke Syrakus verbirgt; und dann ist es wieder da.

Gewiss ist Siracusa von jeder Seite schön. Märchenhaft gelegen. Auf einer schmalen Felszunge vor der Bucht, überschüttet von Kaskaden bunter Mauern und Dächer, eingesäumt von weißen Dampfbooten und finsteren Fischkuttern. Aber ihr Charakter, ihre Geschichte bringt alles wieder in Erinnerung. Auf der Felsinsel Ortygia gegründet, nach ihrer Erweiterung mit dem Festlande verbunden, durch *Marcellus* wieder zur Insel geschleift, ist sie heute durch die ordinären Rückseiten der Lagerhäuser unserer Epoche wieder mit den grauen Vororten vernäht, die aus dem Landesinneren anschwimmen. Aber sie wusste sich immerhin geschickt zu distanzieren. Das rechne ich ihr hoch an.

Syrakus zählt zu jenen Sehenswürdigkeiten unserer Erde, die einem mit dem Glanze des Wortes und einer enormen Fülle des Dargebotenen, also mit der Bosheit des Unbelebten, das Begreifen ihres wahren Daseins sehr erschweren. Da ist zum Beispiel die Quelle der Arethusa, an die man sich stellt, um tiefsinnig in das trübe Gewässer zu schauen, indem man nachdrücklich und ernst an Arethusa denkt und vermeidet, mit den Blicken die zankenden Enten oder den lustig flottierenden Schuh zu berühren.

Hier beobachteten zwei Schweizer erst Arethusa, dann einen Polpifischer. Nicht lange, so hatte er einen der kleinsten vom Grunde geangelt, biss ihm hinter den Augen in den Kopf und warf ihn in seinen Kübel.

„Hans-Rüadi!", rief die Dame schneidend, „Luagad dös Männli, is däs gruasig gsi!", und mit holzigem Italienisch, aber scharfem Verweis im Tonfall wandte sich der Herr an uns Sizilianer, ob wir denn keine zivilisiertere Methode wüssten, um Polypen zu töten.

„Nein", versicherte ich ihm eifrig, „nur diese." Europa begann sich zu nähern.

Kurz darauf kam ein zerlumpter Papiersammler und wandte sich mit breitestem Syrakusanisch an mich. Ich verstand kein Wort, und wir waren damit wieder als die Zwitter entlarvt, die wir geworden waren.

Von Lentini nach Catania wurden wir in das wohlbekannte und ermüdende Gesellschaftsspiel der Autobahnen verwickelt. Europa kam gefährlich nahe. Ein blitzneuer Cadillac flitzte vor, himmelblau wie Küchenemail, wie aus der Kanone geschossen und mit viertönigem Fernhorn. Kurz darauf trafen wir ihn wieder, seine Insassen beim Fotografieren. Wenig später – viertöniges Fernhorn, Kanone geschossen – und so fort bis Catania. Und hier trafen wir uns unvermeidlich in der großen Fiatgarage, wo dann Jeep und Cadillac in friedlicher Eintracht nebeneinander hoch oben auf den Abschmierböcken standen. Unsere Partner, Münchner, hatten ebenso zu warten, und solche Gelegenheiten führen zu Gesprächen.

Die uns nun entwickelten Gedanken über das Land, vor allem ausgezeichnet durch die Sicherheit des Vortrages und die Weite der Verbindungen, die sie anknüpften, befassten sich mit der Lösung volkspolitischer Probleme und der Normierung allgemeiner Werte betreffs europäischer Kultur. Dabei kam klar heraus, dass Sizilien erst dann wieder für diese gewonnen werden könne, wenn man Wald pflanze, die Bewohner wasche und den Diebstahl unterbinde. Als ich zu zweifeln versuchte, ob das Vorgebrachte das Wesen sizilianischer Probleme träfe, wurde mir Wirrkopf nur meine Jugend als Milderungsgrund angerechnet. Mit dem Wohlgefühl bewältigter Weltprobleme, einer großen Zahl von Pferdestärken, rauen Grüßen und dem viertönigen Fernhorn entschwebten unsere Ordnungsmacher gen Taormina.

Wir beluden uns mit Benzin, was wir fassen konnten (jeder Kanister, jede Feldflasche), er musste bis Napoli reichen, denn erst dort wartete die nächste vorausbezahlte Ration (Überorganisation eigener Blüte). Bei dieser umständlichen Prozedur verschwanden meine zwei Pullover in der Menge, und ich ertappte mich bei der Frage, ob meine Vorstellungen von den Kräften, die dieses Inselleben leiten, nicht doch etwas theoretischen Charakters waren.

Hinüber zum Kontinent

In Messina kamen wir Europa noch näher. Wir hatten die Autos bereits kunstvoll durch die Bahnbehörden bis an die Eisenbahnfähre geschmeichelt, bis der letzte und unbedeutendste der Schirmmützen nachlässig fragte, ob wir wohl genügend Benzin mithätten. Da wir bei der Herfahrt noch im letzten Augenblicke zutanken mussten, weil die Behörden Angst hatten, wir könnten nicht mehr mit eigener Kraft vom Schiff herunter, sagte ich, der Wahrheit gemäß, dass wir kaum ein Gefäß hätten, das noch gefüllt werden könnte.

„Oh“, sagte ganz überraschend der Schiffswachmann, es tue ihm Leid, aber wir dürften natürlich nicht auf das Schiff.

Der Maler und ich setzten auf die nächsthöhere Instanz. Wir fanden sie im 5. Stockwerke des Bahngebäudes. Man erklärte uns, dass so genanntes „offenes Benzin“ nur in Tankwagen der Eisenbahn oder im Sicherheitsbereiche einer Privatspedition auf die Fähre dürfe. Da sich beide Möglichkeiten als unerschwinglich erwiesen, versuchten wir es mit einer Tankstelle; wollten den Treibstoff zurückpumpen und auf dem Festland neuen derselben Firma aufnehmen. Aber wir kamen zur Einsicht, dass auch in diesem Falle einfaches Weggießen billiger kommen müsse.

Die nächste Instanz vertrat die Capitaneria di Porto.

„Gewiss“, sagte der Oberkapitän, das Gesetz ist unvernünftig, erst zwei Monate in Kraft und werde sich nicht halten. Wenn wir also Geduld hätten. – Aber die Aufenthaltskosten hätten den Wert unseres Benzins überstiegen. Also versuchten wir sein Augenmerk auf die formale Seite des Ereignisses zu lenken und diskutierten die Begriffe „Benzintank“ und „offenes Benzin“. Dabei entdeckte er in den Gesetzesbüchern eine Lücke, den „Serbatoio supplementari“” (zu deutsch: Reservebenzintank). Eines jener unabgrenzbaren Geschöpfe, die den Menschen trotz Ordnung und Fortschritt dennoch gewisse kleine Freiheiten reservieren, und unser Oberkapitän wusste sie mit Meisterschaft zu handhaben. Es war in den Büchern als ein Gerät festgehalten, welches verschließbar, aus Metall bestehend und mit Metall an das Fahrzeug fixiert sein müsse. Er stellte Telefonverbindung mit unseren Freunden her, und wir baten sie eiligst, alle Benzinbehälter, vom Barrel bis zur Feldflasche, wie es nur immer ginge, mit Draht an die Autos zu binden.

Die Oberdirektion würde Reservebenzintanks gestatten, wenn das parallele Bahngüter-Ufficio den Sachverhalt bestätigte. Dort fanden wir uns ein und den Lastenprovinzial bereits schmunzelnd vorbereitet. Telefonisch und mit sachlicher Schärfe verlangte er von einem der Wächter an der Mole, er müsse auf einem Vordruck (mit Ja oder Nein) eintragen, ob unsere Reservetanks auch mit Metall an den Autos befestigt wären, und selben sofort zur Oberdirektion schaffen.

Bei dieser – wir befürchteten endgültig, des Schwindels überführt zu werden – wurden wir liebenswürdig empfangen, man entschuldigte sich, dass der Amtsweg beschritten werden musste, und übergab uns die Überfahrterlaubnis.

„Verordnungen“, meinte der Direttore charmant, „bereiten oft Mühe, die Verantwortlichkeiten gerecht aufzuteilen.“

Es gibt wenige Völker, die sich mit Einsicht und System solch kleiner Sklaverei entziehen, und wir kehrten mit Recht hochgestimmt zu unseren Autos zurück.

Mit den Ausländern hätten sie immer Aufenthalt, erklärte unser Schiffswachmann, als wir ihm die Verordnung überreichten. Und wie wir mit schwankenden Fahrzeugen über Schwellen und Weichen auf das Schiff rollten, half er aus Leibeskräften, dass die schwächlichen Drähte am Benzinfass nicht rissen, und holte sich dafür von einem Oberschiffswachmann einen Verweis. Als der Kapitän unsere Papiere in die Hand bekam, machte er ein besorgtes Gesicht. Sollte alles umsonst gewesen sein? Nein! Er bat uns nur, selbst wenn wir ihn für einen Tölpel hielten, die läppischen Drähte in Gottes Namen bis zum Festland noch nicht abzunehmen. Es lag gleicherweise etwas Weltweites und Rührendes in dem Zusammenspiel von Recht, Vernunft und Freiheitlichkeit, das ein jeder auf der engen Insel für seine Würde beanspruchte.

Als sich die Insel das letzte Mal zurücklehnte in die lauen Fluten, weiche Farben gewann und das Ungewisse hundert verschwiegener Geschichten, rief ein kleiner Junge:

„Vedi, Mamma –" (schau, Mama!), indem er einen seiner braunen Finger nach uns streckte, „Polacchi!", jene milde, aber eindeutige Bezeichnung, mit welcher man Ausländer belegt, wenn es darum geht, besonders das Artfremde, das Lederne an ihnen zu unterstreichen. Aber die Angeredete machte eine bagatellisierende Handbewegung, sie hatte uns – ich empfand das erleichternd – mit Sicherheit ins rechte Fach geschoben, denn wir waren (und das war inzwischen jedem klar geworden) längst nicht mehr kompetent, wir waren auf dem Heimweg.

Entropie und Wertschöpfung

Ein kleines Reisabenteuer von Recht, Vernunft und Freiheit mag abgeschlossen sein; und ich verabschiede mich von ihm nicht gern. Unser großes Abenteuer geht aber weiter. Die weiteste Frage, die uns umgibt, mag ein passendes Thema sein, den späten Rundblick abzuschließen.

Es kann darin bestehen, uns in diesem Kosmos zu begreifen. Zu dessen universellen Merkwürdigkeiten zählt der zweite Hauptsatz der Physik: der Entropiesatz. Er besagt, dass, solange noch die geringste Temperatur besteht, alles auseinandergebeutelt, zu Chaos, einer vollständigen Mischung aller Materie führen muss.

Wieso, so fragt sich's, entsteht dann trotzdem fortgesetzt Struktur und Ordnung, wo vordem keine war: Himmelskörper, Leben und Kultur? Er kann, so stellt sich's heraus, umgangen werden. Wo immer Teilsysteme von Energie und Materie durchflossen werden, können sie in sich Ordnung aufbauen, *Erwin Schrödinger* nennt das „Negentropie", unter der Voraussetzung nämlich, dass sie eine größere Menge an degradierter Ordnung, Chaos, letztlich Wärme in ihre Umgebung abführen. Dann stimmt die Buchhaltung wieder. Wenn ER den Urknall erdacht oder zugelassen hätte, müsste er das bedacht haben. Entropie reduziert sich zu einem Stolperstein, zum ungeheuren Kehricht im Werden kosmischer Ordnung.

Was aber führt dazu, dass Planeten auch noch nicht genügten, nicht die Bakterien und Einzeller, bereits fernab vom physikalischen Äquilibrium, auch nicht die Pflanzen, die Tiere auch noch nicht, und dass mit dem Menschen, aus Sprache und Bewusstsein, auch noch Kultur entstehen musste? Biologen kennen das als das Problem der „Anagenese", der Höherentwicklung. Dabei existieren Bakterien und Einzeller seit ihrer Entstehung heute noch; sie sind sogar unserer Existenz unentbehrlich.

Die Ursache scheint zu sein, dass ein System, sobald alle Nischen für Existenzbedingungen einer Ordnungsebene besetzt sind, neue Existenzbedingungen erhält, wenn es in eine höhere Ordnungsebene gedrängt wird. So müssen sich Tiere nicht mehr um Sonnenlicht drängen, sondern konsumieren vorgefertigte Energie; und so wird der Molch dem Regenwurm überlegen, der Fuchs dem Molch und der Jäger dem Fuchs.

Unsere neue Ordnungsebene ist Zivilisation und unsere Kultur. Mit zwei Hindernissen: einmal, dass die höher organisierten Kulturen die einfacheren bedrängen und dass wir nicht leicht verstehen, für unsere Erhaltungsbedingungen fortgesetzt mehr Ordnung, in unserem Sinne Werte, schaffen müssen, als wir beanspruchen dürfen. Dabei schaffen Zivilisation und Kultur jene Eingrenzungen, innerhalb derer wir die uns gebotene Ratlosigkeit ablegen und jenes Zusammenspiel erleben, das Freiheitsgefühl und mit Glück höhere Formen von Recht und Würde, von Vernunft, Kreativität und Wertschöpfung entstehen lassen kann.

Merkwürdig ist, dass den höheren Ordnungsformen immer kürzere Existenzzeiten zugegeben werden. Himmelskörpern Jahrmilliarden, Arten Jahrmillionen, Kulturen Jahrhunderte und auch unseren großen Kulturschöpfern nur mehr Jahrzehnte. Was das bedeuten soll, wissen wir freilich nicht. – Aber nachdem ich mir angemaßt habe, hier als Alter jedem bunten Treiben die Lösung eines einschlägigen Welträtsels anzuschließen, soll wenigstens eines ungelöst bleiben.

*

Man hat mich darauf aufmerksam gemacht, da manche meiner Geschichten mit dem Urknall beginnen, dass uns auch ziemlich relevante Probleme unserer Zeit umgeben. Das ist nicht abzustreiten. Darum seien der obigen Darstellung noch solche angefügt. Allerdings gehen auch sie auf Bedingungen dieses Kosmos zurück und sind nur im Überbau irdisch-menschliches Gebastel.

Wie der Entropiesatz vorgibt, dürfen unsere Ansprüche unsere Wertschöpfung nicht übersteigen, weil ansonsten der Balanceakt Leben zusammenfällt. Das mag beim Gemüsebauern noch übersichtlich sein, beginnt sich aber in unserer Gesellschaft zu verwirren. Wie viel Wertschöpfung ist gegeben, wenn einer im Schuhkarton unter alten Briefmarken die „Blaue Mauritius" findet; und wie viel bei einem, der das Dynamit erfindet, patentiert und allen Kriegführenden liefert? Ich sagte schon: Die Sache wird unübersichtlich.

Wie verhält sich die Wertschöpfung des Lumpensammlers zu der des Industriebosses? Es ist versucht worden, das Arm und Reich der Völker mit dem Beginn von Landwirtschaft und Vermögensbildung in Zusammenhang zu bringen. Einschneidend wird der Unterschied aber zwischen unorganisierten und organisierten Völkern. Da nun werden die Unterschiede krass, die Machtgefälle deutlich, und der Begriff der „Kleptokratie", der Diebsgesellschaft, gewinnt seinen Sinn.

Ich will zugeben, dass das dem Entropiesatz immer noch nicht widerspricht, denn Kleptokraten wie Unterdrückte haben überlebt; zweifellos aber unter höchst unterschiedlichen Bedingungen. Wenn man die Peitsche über jene schwingen kann, die für einen Werte schöpfen, ist das noch immer Wertschöpfung.

Zunächst war Landraub eine solche Lösung, später Kolonien. Heute, beim ungebremsten Fließen von Kapital, verloren Kolonien und Staatsgrenzen ihre ehemalige Bedeutung. Kapital fließt überall hin, wo sich wirtschaftliche und militärische Niederungen bilden und die Diebsgesellschaft aus ihnen Gewinn schlagen kann. Das Faustrecht ist noch um uns.

Schon das Werden des Menschen war eine mühsame Angelegenheit. Der Weg von der Horde zur parlamentarischen Demokratie auch. Und mancherorts ist schon zeitweilig eine gewisse Humanität entstanden, sind Menschenrechte durchgesetzt worden; etwas wie Gerechtigkeit. Im internationalen Verkehr noch lange nicht. Wir verstehen noch immer nicht, wie sich Ansprüche und Wertschöpfung zu verteilen haben. Weder das Generationen- noch das Völkerrecht sind durchgesetzt. Es gab dazu auch noch zu wenig Zeit.

Ganz offenbar sind wir noch nicht am Ziel.

Nachspann

Mir selbst erlaube man ein kurzes Atemholen; ich strecke die Beine und frage mich, was das ist, das zwischen einem 27. und 77. Lebensjahr verändert worden ist. Und ich denke, dass etwas Allgemeines dahintersteckt, das, mit Glück, für jeden Lebensweg gelten könnte.

Schon das Werden von uns Kreaturen, die Evolution, ist über ein langes physisches, mühseliges und immer lebensgefährliches Abenteuer zu einem sinnlichen, psychischen, sogar zu einem geistigen geworden. So als ob es mit der Zeit weniger auf physische Kräfte als auf die Häufung von – was jetzt? – Organisation, Information, Weit- oder Weltsicht, vielleicht sogar auf Vernunft und Weisheit angekommen sein könnte. Und wenn ich von Glück redete, so meine ich, dass auch unsere individuellen Leben diese Chance haben, nämlich von einem physischen und sinnlichen zu einem geistigen Abenteuer zu werden.

Vielleicht mag das noch trivial erscheinen; nämlich in dem Sinne, dass viele von uns aus der Zeit der Schulklassen-Raufereien zu Intellektuellen-Gezänk und, eben mit Glück, zu gescheiten oder doch versierten Auseinandersetzungen mit unserer Kultur gelangt sind. Und da ergibt sich eine interessantere Frage: nämlich die, welche dieser Welten wohl die bessere oder anziehendere gewesen sein könnte.

Zunächst könnte man sich in diesem Thema mit der Frage nach den altersbedingten Intelligenz-Niveaus behelfen. Denn es steht ja wohl außer Frage, dass wir in verschiedenen Alterslagen als Individuum und auch unserer Kulturen andere Dinge zu bewältigen auferlegt bekommen. Aber so einfach müssen wir es uns nicht machen.

Interessanter wird die Sache, wenn man sich fragt, welche Funktionen sich hinter diesen Niveaus verbergen. Ein altkluges Kind ist ebenso komisch wie ein kindischer Alter. Was also?

Es scheint mir, dass am Anfang eine rein sinnliche Welt zu stehen hat, die, sobald sie sich zu ordnen scheint, im Grunde, wenn auch in verkappter Form, schon alle Fragen unserer Existenz, unseres Verstandes und unserer Vernunft aufwirft.

Die Philosophie hatte, auch noch nach zwei Jahrtausenden unserer Geistesgeschichte, anzuerkennen, dass sich in der Philosophie der Vorsokratiker, also der Philosophen noch vor *Sokrates* – wiewohl uns deren Darstellungen heute naiv erscheinen –, alle Probleme aller uns möglichen Philosophie vorfinden, die später nur weiter differenziert, aufgebauscht, herumgedreht und umformuliert wurden. Davon bin ich ja ausgegangen.

Das kann man sehr merkwürdig finden und sich fragen, ob das nicht eine Anlage in uns erwarten lässt; etwas wie eine naturgegebene Ausstattung, die mit dem Hellwerden unseres Bewusstseins der bewussten Reflexion, unserem Rätselraten, längst vorgegeben war.

Was sich ändert, ist vielleicht nur die Art unseres Staunens; vorausgesetzt, dass wir das Staunen nie aufgeben, die Fantasie nicht und auch nicht die Torheiten. Vielleicht erweitern sich nur die Rahmen, weil auch der Entropiesatz und die Evolutionstheorie ihre Wurzeln in jedem Pflänzchen behalten muss, das wir bewundern, zu Märchen wandeln und doch zertreten.

Vielleicht erscheint die frühe Lebenszeit schöner, weil wir später auf das Glück, staunen zu können, vergessen haben, die späte, weil wir die vermutlich gewonnene Weisheit überschätzen. Im Ganzen bleibt's, eben mit Glück, eine bunte Welt, wenn man bereit ist, je nach Lebenslage die nahen und fernen Perspektiven auf die Mosaike dieser Welt und die dazu passenden Intelligenzalter nicht zu verlassen.

Aber noch eins: Zu ertragen ist diese Welt leicht, wenn man bemerkt, dass sie ziemlich komisch ist. Das allerdings unter der Voraussetzung, sich einzugestehen, selbst komisch zu sein.